0 # 47
$ 10.95
(05)

Ce qui fait rire les anges

Du même auteur
aux Éditions J'ai lu

LES SEPT LOIS SPIRITUELLES DU SUCCÈS
N° 4701

LA VOIE DU MAGICIEN
N° 5029

LES CLÉS SPIRITUELLES DE LA RICHESSE
N° 5614

LE CHEMIN VERS L'AMOUR
N° 5757

**LES SEPT LOIS POUR GUIDER VOS ENFANTS
SUR LA VOIE DU SUCCÈS**
N° 5941

DIEUX DE LUMIÈRE
N° 6782

LES SEPT LOIS SPIRITUELLES DU YOGA
(avec David Simon)
N° 7707

SANTÉ PARFAITE
N° 8007

LE LIVRE DES COÏNCIDENCES
N° 8808

LE CORPS QUANTIQUE
N° 9058

UN CORPS SANS ÂGE, UN ESPRIT IMMORTEL
N° 9142

LE MIRACLE OUBLIÉ
N° 10072

QUI DÉTIENT LA CLÉ DE L'UNIVERS ?
(avec Leonard Mlodinow)
N° 10465

LE LIVRE DES SECRETS
N° 10842

LA VIE APRÈS LA MORT
N° 11433

DEMANDEZ À DEEPAK
L'amour et les relations
N° 11782

DEMANDEZ À DEEPAK
La santé et le bien-être
N° 11783

Dr Deepak CHOPRA

Ce qui fait rire les anges

Apprenez à lâcher prise
pour vivre dans la joie

*Traduit de l'anglais (États-Unis)
par Laurence Richard*

Préface de Mike Myers

*Collection dirigée
par Florent Massot*

Titre original :
WHY IS GOD LAUGHING ? THE PATH TO JOY AND SPIRITUAL OPTIMISM

Éditeur original :
Harmony Books, an imprint of Crown Publishing Group, a division of Random House, Inc., New York

© Deepak Chopra, 2008

Pour la traduction française :
© InterEditions, une marque de Dunod Éditeur, 2009, 2014

*À Mike Myers,
qui m'a appris que la véritable spiritualité
signifiait ne pas se prendre trop au sérieux,
et à tous les amoureux du rire et de la sagesse.*

SOMMAIRE

Préface de Mike Myers 11

CE QUI FAIT RIRE LES ANGES 15

RESSENTIR LA JOIE :
LES DIX PRINCIPES CLÉS 147

PRÉFACE

Une bougie dans l'obscurité

J'ai eu de nombreux héros dans ma vie, à commencer par mon père. Deepak Chopra est le dernier en date. Entre ces deux héros, un autre, qui m'a enseigné le rire : Del Close.

Del Close fut, en 1959, l'un des fondateurs du théâtre Second City de Chicago et le père des sketchs humoristiques dans leur forme moderne. Figure marquante de l'essor du genre satirique aux États-Unis, il fut l'inventeur du « happening », philosophe, théoricien et professeur génial, mais surtout, il était drôle et s'y connaissait en matière d'humour. Bill Murray, John Belushi, Chris Farley, Stephen Colbert, Amy Poehler, moi-même et de nombreux autres avons beaucoup appris de lui et de sa philosophie posant l'équivalence entre comédie et vérité d'une part et entre vérité et croissance spirituelle d'autre part. Autrement dit, nos rires et nos « ha ! ha ! ha ! » rieurs sont reliés au « ah ! » de la prise de conscience d'une vérité.

On prête généralement à la vérité des vertus libératrices ; je considère pour ma part qu'elle peut se révéler très douloureuse de prime abord. Comme l'énonça une fois Lenny Bruce, la comédie se définit par l'équation suivante : « rire = souffrance + temps ». Del qualifierait le « + temps » de « distance » ; Deepak Chopra, de « détachement ». Les deux s'accorderaient à dire que l'acquisition de la sagesse implique de voyager léger.

Rire fait du bien. Sur un mode enlevé et divertissant. Ce qui fait rire les anges démontre la nature spirituelle du rire, ses aspects bénéfiques pour la santé et décrit le cadre mental propice au détachement, à la gratitude et à la recherche courageuse de la vérité favorisant ce rire pourvoyeur de paix intérieure.

Pour mon premier héros, mon père, « rien n'était si grave qu'on ne pût en rire ». Homme d'une grande profondeur, il ne se départait pas de son humour même dans les heures les plus sombres. Mon père a connu la crise de 1929, la « drôle de guerre » de 1939, la deuxième guerre mondiale, la guerre froide, sans oublier la guerre personnelle qu'il livra à la fin de sa vie contre la maladie d'Alzheimer. Même dans la démence qui s'empara de lui, il trouva matière à rire, tant le besoin de rire est fort et intrinsèquement lié à la nature humaine.

Dans son essai intitulé *Le Rire*, Henri Bergson postule que le rire est une réponse autonome issue des profondeurs de notre cerveau reptilien, déclenchée par la prise de conscience de notre mortalité. Dans ce récit, Deepak réussit à le mettre brillamment en scène dans le personnage de Mike Fellows, humoriste contraint d'affronter ses plus grandes peurs. Deepak nous démontre que, dans l'obscurité du monde, l'humour s'apparente à une bougie ; il nous invite à méditer non sur l'obscurité mais sur la bougie.

Pourquoi Dieu et les anges rient-ils ? Parce qu'ils ont compris la blague.

Mike MYERS[1]

---

1. Mike Myers est acteur et humoriste : il a été la voix de *Shrek* et le héros de la série des *Austin Powers* et de la comédie satirique le *Love Guru*, dans lequel Deepak Chopra fait une brève apparition.

CE QUI FAIT RIRE
LES ANGES

1

La grâce rayonne tel un éclat de lumière. Elle pénètre l'univers, imperturbable à la distance et à l'obscurité. Vous ne la verrez pas, mais elle sait où elle va. À tout instant, elle peut toucher un être par son pouvoir mystérieux.

Même Mike Fellows.

Ce jour-là, Mike parcourait à vive allure la vallée de Los Angeles dans son 4 × 4 noir, guettant du coin de l'œil une éventuelle présence policière. Le soleil inondait l'autoroute d'une lueur éblouissante ; pour Mike toutefois, derrière les vitres teintées et ses lunettes de soleil panoramiques, le crépuscule aurait tout aussi bien pu être tombé.

« Répète-moi ça, marmonna-t-il dans son téléphone portable.

— Les propriétaires du cabaret ne sont pas contents. Ils disent que tes nouveaux sketchs ne sont pas drôles. Ils veulent l'ancien Mike. »

C'était Alicia, son agent.

« Qu'ils aillent se faire voir ! Je consens à me produire chez eux : ils devraient me baiser les pieds ! »

Mike Fellows avaient reçu des propositions de film de la part de deux studios de cinéma. Son dernier divorce avait fait la couverture du magazine *People*. La seule raison qui le poussait à se produire dans des cabarets était son désir de rester en contact avec le public.

Alicia ne s'avoua pas vaincue.

« Tu ne devrais pas réagir ainsi. Tu pourrais bien avoir besoin de ces cabarets un jour ou l'autre.

— Que Dieu m'en garde. »

Mike alluma une autre cigarette mentholée.

Dieu a l'avantage de saisir toutes les vies à la fois et d'en effacer toutes les différences. S'il était possible d'observer la race humaine à une distance infinie, on se rendrait compte que Monsieur tout le monde se trouvait sur l'autoroute ce jour-là. Comme nous, Mike se préoccupait peu de son âme. Il refusait d'être confronté à des vérités pénibles et parvenait plutôt bien à s'en préserver.

À cet instant-là, Mike se dit que le moment était tout trouvé pour une histoire drôle.

« J'en ai une bonne, dit-il à son agent. Mon grand-père, à quatre-vingts ans, continue d'avoir des relations sexuelles presque tous les jours. Il en a presque eu une lundi, presque eu une mardi, presque eu une mercredi. »

Alicia garda le silence.

« J'ai un autre appel, annonça Mike.

— Tu mens.

— Je t'assure que c'est vrai, répondit Mike. Ne quitte pas. »

Il appuya sur une touche.

« Allô ?

— Vous êtes Mike Fellows ?

— Qui le demande ? »

Il ne cessait de recevoir des appels de parfaits inconnus.

« J'appelle de l'hôpital. »

Mike sentit des gouttes de sueur perler dans sa nuque. Il serra plus fort le volant.

« Oui ? »

Dans les quelques secondes séparant une catastrophe imminente de son impact, un nombre incroyable de pensées se bouscule parfois à toute allure dans notre tête. Mike se revit lors de la visite médicale annuelle la semaine passée. Le visage de sa femme s'imposa à lui, aussi clairement que s'ils n'avaient pas été divorcés depuis cinq ans. Cancer, sida, accident de voiture. La roue du destin tournait et la flèche était sur le point de s'immobiliser.

« Je suis désolé, M. Fellows. C'est votre père.

— Il est tombé ? Il y a pourtant quelqu'un pour s'occuper de lui », répondit Mike.

Il avait engagé une personne à plein-temps pour son père, une Guatémaltèque placide qui se faisait difficilement comprendre.

« Votre père a reçu les meilleurs soins aux urgences. Tout a été mis en œuvre pour le réanimer, mais nous n'avons pas réussi à le sauver. »

Mike n'entendit pas les derniers mots. Dès que la voix prononça « tout a été mis en œuvre », un grondement dans ses oreilles couvrit tout le reste.

« Quand est-il mort ? »

La voix à l'autre bout du fil, celle d'une femme – probablement une infirmière – entreprit de donner des explications, mais le grondement continuait de tout bloquer.

« Un instant », dit Mike.

Il arrêta la voiture sur le bas-côté. Il respira profondément et secoua la tête comme un nageur chassant l'eau de ses oreilles.

« Vous pourriez répéter ?

— Il était inconscient à son arrivée. Il a fait un infarctus. Votre nom figurait dans son portefeuille comme personne à prévenir. »

Une légère nausée s'empara de Mike.

« Est-ce qu'il a souffert ? »

La voix s'efforça de prendre un ton rassurant.

« Si cela peut vous réconforter, sachez que ce type de crise cardiaque est très rapide, généralement moins d'une minute. »

Une minute vécue comme des heures, pensa Mike.

« Très bien. J'arrive. Est-il encore aux urgences ? »

La voix de la femme répondit par l'affirmative et Mike raccrocha. Il se réinséra dans la circulation et fonça jusqu'à la sortie suivante. La nouvelle lui avait fait l'effet d'un choc, mais il ne pleura pas. En réalité, il ne savait quoi ressentir. Larry. Son père. Sa mère avait survécu à un cancer du sein et, de ce fait, il avait toujours pensé que, si l'un des deux mourait prématurément, ce serait elle. Le côté maternel de la famille semblait prédisposé au cancer. Son père en revanche était aussi résistant qu'une vieille carne. Une blague surgit inopinément dans la tête de Mike.

Une femme d'âge moyen meurt foudroyée par une crise cardiaque. Lorsqu'elle arrive au paradis, Dieu lui dit :

— Nous avons fait une terrible erreur. Vous n'auriez pas dû mourir avant quarante ans.

La femme est réanimée et rentre chez elle. Comme il lui reste de nombreuses années à vivre, elle se dit qu'elle aurait tout intérêt à améliorer son apparence physique. Elle recourt alors à la chirurgie esthétique : lifting, seins, ventre, la totale. Deux mois plus tard, elle se fait renverser par un bus en traversant la rue.

Cette fois-ci en arrivant au paradis, elle prend Dieu à parti :

— Qu'est-ce qu'il se passe ? Je croyais qu'il me restait encore quarante ans à vivre.

Dieu répond alors :
— Mabel, est-ce que c'est vous ?

Ses blagues procuraient généralement à Mike du réconfort, mais à celle-ci succéda une vague de culpabilité. Le moment était mal choisi pour faire de l'humour, mais c'est ainsi que fonctionnait son esprit. Il n'y pouvait rien.

La salle d'attente des urgences était un lieu où régnait une atmosphère tendue et où la souffrance était palpable. Des visages désespérés accrochaient du regard toutes les personnes qu'ils croisaient, dans l'espoir qu'il puisse s'agir d'un médecin. Mike s'avança d'un pas résolu vers les admissions. En entendant son nom, l'infirmière lui dit :

« Mes condoléances, M. Fellows. Si vous voulez bien me suivre. »

Elle le précéda par une porte battante dans un couloir rempli de lits médicalisés. Sur l'un d'eux était assis un garçon, qui gémissait doucement, la tête enveloppée de bandages couverts de sang. Ils s'arrêtèrent devant la porte battante à l'autre extrémité du couloir. L'infirmière fit un pas de côté.

« Vous êtes prêt ? demanda-t-elle.

— Accordez-moi un petit instant, je vous prie, répondit Mike.

— Prenez votre temps. Le médecin vous rejoindra dès que vous serez prêt », murmura-t-elle.

Pour se calmer les nerfs, Mike tenta d'imaginer à quoi ressemblerait le visage de Larry dans la mort. Au lieu de quoi une autre blague lui vint à l'esprit.

Dieu et le diable se disputent devant la barrière séparant le paradis de l'enfer.
« La barrière s'effondre de ton côté, dit Dieu. Regarde !

— *Et alors ? répond le diable.*
— *Nous sommes chacun responsable de l'entretien de notre côté de la barrière. »*
Le diable hausse les épaules, indifférent.
« *Et que comptes-tu faire à ce propos ?*
— *Si tu m'y contrains, je prendrais un avocat, répond Dieu.*
Le diable éclate de rire.
— *Tu plaisantes ! Où penses-tu le trouver ? »*

Mike gloussa, puis se reprit.
« Bon sang, pourquoi est-ce que je n'arrive pas à me conduire normalement ? murmura-t-il.
— Pardon ? demanda l'infirmière.
— Rien. Je vais entrer. Merci. »
De toute sa vie – il avait trente-sept ans – Mike n'avait jamais vu de mort. On avait baissé les lumières dans la pièce. Une forme gisait sous un drap, allongée sur une table.
Bon sang, Papa. Tu n'aurais pas pu me prévenir ?
Incroyable à quel point la mort figeait l'air tout autour. Mike s'en fit la réflexion et réprima un frisson. L'odeur de désinfectant rendait la pièce plus froide qu'elle ne l'était. Des minutes s'écoulèrent. Mike se pinça, essayant de réprimer une nouvelle blague.

Un catholique, un protestant et un juif meurent et arrivent au paradis. Aux portes du paradis, saint Pierre déclare...

Quelqu'un toussota à ses côtés.
« M. Fellows ? Je suis le Dr Singh. »
La blague sortit de l'esprit de Mike. Il se tourna vers l'homme d'origine indienne dans sa tenue d'hôpital verte, un stéthoscope autour du cou.

« Je ne voulais pas vous déranger », murmura le jeune médecin.

On lui aurait donné la vingtaine sans sa barbe dure et noire. Mike ressentit une pointe de culpabilité. *Il a cru que je priais*.

Le médecin fit un geste rassurant de la main.

« Vous pouvez vous approcher, si vous le souhaitez », déclara-t-il.

Les deux hommes restèrent silencieux lorsque le jeune médecin tira le drap.

Regarder ne se révéla pas aussi difficile que Mike l'avait craint. Son père aurait pu être endormi. Son visage n'avait pas encore pâli. Même à soixante-dix ans, il n'avait pas son pareil pour entretenir son bronzage douze mois sur douze.

« Il semble paisible. »

Le Dr Singh acquiesça.

« Voulez-vous savoir exactement ce qui s'est passé ? Je n'étais pas de garde lors de son admission, mais j'ai vu son dossier. Parfois, la famille souhaite avoir des précisions.

— Juste les grandes lignes, répondit Mike.

Il se demanda si la plupart des fils avaient envie de toucher la main de leur père sous le drap. Les mains de Larry étaient repliées sur sa poitrine. Qu'est-ce qui serait le plus effrayant, que le corps soit chaud ou froid ?

« C'est un infarctus du myocarde. Une crise cardiaque massive, qui s'est produite vers deux heures de l'après-midi. Les secours sont arrivés en moins de cinq minutes. Mais votre père était probablement déjà mort en heurtant le sol.

— Ça a été rapide alors, répondit Mike.

— Très rapide. »

Ce qui expliquait peut-être l'expression sur le visage de Larry, non à proprement parler une expression paisible comme l'avait cru Mike, mais un air de légère surprise. Si votre cœur explosait et que tout ce que vous ressentiez était une douleur atroce, auriez-vous simplement l'air surpris ? Soudain, une nouvelle pensée traversa inopinément l'esprit de Mike.

Je ne suis pas mort, nigaud. Je fais semblant et je me suis donné beaucoup de mal. T'as pigé la blague, pas vrai ? S'il y en a bien un...

Mike dut résister à son envie soudaine de renverser la table d'un coup de pied et de jeter son père à terre.

C'est pas drôle, espèce de vieux salaud, crierait-il. Larry éclaterait alors de son grand rire sonore en se relevant et en brossant ses vêtements.

Mike surprit ensuite du coin de l'œil l'expression du médecin. Était-ce de la nervosité ? Ce jeune médecin qui semblait tout frais émoulu de la faculté, n'avait peut-être pas été souvent confronté à la mort. Mike n'aurait su le dire. En revanche, il était sûr d'une chose : la présente situation n'avait rien d'une plaisanterie.

*
* *

Trois jours plus tard, Mike se rendit à l'appartement de son père pour le fermer définitivement. C'était un petit deux-pièces situé dans un lotissement pour retraités. Il régla Lupe, la domestique guatémaltèque. C'était elle qui avait trouvé le corps de Larry.

« Là, señor ». Elle désignait le fauteuil préféré de Larry, un relax que Mike, depuis son enfance, avait toujours connu. Il avait survécu aux guerres et ses bras en cuir bleu foncé étaient usés et craquelés.

Comme ça, c'est là que tu as passé l'arme à gauche, pensa Mike.

Après le départ de Lupe, gloussant de gêne – il lui avait glissé de l'argent et porté son vieil aspirateur jusqu'à sa voiture – il n'y avait pas de raison de s'attarder. Mike tira les stores, bloquant les derniers rayons faibles du crépuscule. Il arrêta le thermostat et regarda autour de lui.

Quoi d'autre ?

Il trouva une bouteille de whisky à moitié vide sur la table de chevet de son père, poignante de solitude. Mike se demanda si son père avait complètement renoncé vers la fin. Il semblait toujours optimiste au téléphone.

« Non, non fiston, pas besoin de te précipiter ici. Ton vieux père a toujours bon pied, bon œil », aurait dit Larry. « Et une bonne descente. »

L'air absent, Mike, fit tourner la bouteille d'alcool ambré. « Une bonne descente », en effet.

Lorsqu'il rejoignit le salon plongé dans l'ombre, la bouteille à la main, Mike s'affala dans le fauteuil défraîchi, déboucha la bouteille et avala une bonne lampée. Il leva la bouteille devant lui, imaginant un toast en l'honneur du défunt.

À Sally, qui toujours vêtue de noir,
Sexy en diable, jamais ne se laisse voir.
Ses baisers si doux, si doux
Mettent les hommes au garde-à-vous.

Comme il sied aux toasts, celui-ci était vieux jeu et quelque peu licencieux. Larry aurait apprécié.

« Que Dieu te bénisse », murmura Mike.

Il ne se rendit pas compte qu'il s'endormait dans le fauteuil. Le crépuscule céda devant la nuit.

La bouteille de whisky reposait sur ses genoux. Aucun insecte ne faisait craquer les boiseries, car les murs étaient nus. D'ailleurs, la direction s'y connaissait en matière de cafard.

*
* *

Réveille-toi, fiston.
« Je suis réveillé. »
Prouve-le. Ouvre les yeux.
À ce moment-là seulement, Mike prit conscience que ses yeux étaient fermés. Une faible lueur brillait de l'autre côté de ses paupières. Lorsqu'il les ouvrit, il se rendit compte que la lueur provenait de la télévision qu'il avait offerte à son père pour Noël. Qui l'avait allumée ?

Il se mit en tête de se lever, et la bouteille de whisky roula au sol avec un bruit sourd. Pourtant, Mike n'y prêta aucune attention, car il se passait quelque chose d'étrange à la télé. Sur l'écran, on voyait seulement une sorte de neige grise, ce qui en soi était fort logique, dans la mesure où il avait résilié l'abonnement au câble la veille.

En revanche, les vagues silhouettes qui se détachaient sur cette neige étaient plus étranges. Mike se pencha pour regarder de plus près. Il parvint à discerner les contours d'une tête, puis deux mains.

Ne l'éteins pas.

Il lui était impossible de dire si la forme de la tête correspondait à celle de Larry, mais il s'agissait, sans le moindre doute possible, de la voix de son père. Ce qui aurait dû faire sursauter Mike. En lieu de quoi il éprouva du soulagement, car tout ceci prouvait qu'il s'agissait d'un rêve.

« Tu es dans la télé », dit Mike, d'une voix plus forte.

S'il soulignait toute l'absurdité de son rêve, le charme se briserait et il se réveillerait.

Je ne suis pas dans la télé. Arrête de dire n'importe quoi. Je suis dans les limbes. Ils me laissent te parler.

« Qui ça, ils ? »

Les gens qui sont avec Dieu.

« Tu peux les voir ? »

Pas exactement. C'est compliqué. Contente-toi d'écouter.

Mike hésita. Il dirigea son regard vers le tapis, où la bouteille de whisky gouttait sur le sol. Il sentait l'odeur forte de l'alcool : quelque chose allait de travers. Mike, en effet, était sûr d'une chose : il ne percevait pas les odeurs dans ses rêves.

« J'arrête ce truc », marmonna-t-il.

Il appuya sur le bouton de la télécommande, mais la neige grise ne disparut pas, ni les vagues formes à l'intérieur. Soudain, les mains se firent plus nettes et appuyèrent contre l'écran de l'intérieur.

Je veux t'aider.

« Je n'ai pas besoin de ton aide », répondit Mike.

Il appuya plusieurs fois sur la télécommande.

Oublie la télé. Elle n'est qu'un moyen d'entrer en contact avec toi. Tu ne crois pas au paranormal. C'était le moyen le plus pratique.

Mike secoua la tête :

« Tu ne peux pas être mon père. Premièrement, toute cette histoire de limbes, c'est des foutaises. Deuxièmement... »

Les mains se transformèrent en poings et commencèrent à cogner contre l'écran.

Tais-toi. Je ne parle pas des limbes de l'église. On dirait plutôt un relais. Ni ici ni là. Tu piges ?

« Non. Comment le pourrais-je ? »

Cette apparition bizarre avait quelque chose de convaincant. Larry avait toujours été soupe au lait, tout comme cette voix. Qui commença à hausser le ton.

Ne gâche pas tout, fiston. Arrête de faire l'imbécile et écoute-moi.

« D'accord, c'est bon. »

Mike se rassit dans le fauteuil.

« Je t'écoute. »

C'est différent ici.

« Je m'en doute. »

Tu ne comprends pas. Tu ne peux pas comprendre. L'espace d'un instant, je suis assis dans ce fauteuil, celui dans lequel tu te trouves. L'instant d'après, toute la pièce commence à disparaître. Les murs s'évanouissent et voici que je m'élève à travers le plafond.

« Tu as eu une crise cardiaque. Tu ne l'as pas sentie ? »

La douleur s'efface de la mémoire.

« Pas toujours », répliqua Mike, dubitatif.

Ne m'interromps pas. Je continuai à m'élever, toujours plus haut, et à un moment, je pouvais voir la Terre entière et tous les gens qui y vivent. J'ai vu tout le monde, sur la face éclairée comme sur la face sombre. J'ai vu tous les âges, toutes les races. C'était incroyable. Tu ne peux pas imaginer à quel point.

« Tu n'as pas été attiré par une lumière ? », demanda Mike.

Nan... Je me suis demandé pourquoi. J'ai continué à flotter dans l'espace, avec la Terre qui ne cessait de rapetisser. Je me suis imaginé que je me rapprochais de Dieu.

« Dieu est dans l'espace ? », demanda Mike.

La voix, davantage prise par son récit, ignora la question.

Je regardai sans arrêt autour de moi, mais il n'y avait rien. Ni Dieu ni anges. Puis je l'ai entendue. Tu te rends compte, fiston ? J'ai entendu la voix de Dieu.

« Qu'est-ce qu'il t'a dit ? »

Rien. Il riait.

« Pourquoi est-ce qu'il riait ? Il se moquait de toi ? »

Non. Il ne se moquait de personne. Ce rire était partout. Il emplissait l'univers. C'était de la joie pure.

La voix avait désormais pris un accent extatique, ce qui ne ressemblait pas du tout à Larry. Mike se sentit mal à l'aise. Comme la fois où il avait trouvé son père en larmes, le jour où sa mère était morte. Quoi qu'il en soit, qu'est-ce que cela pouvait bien lui faire, à lui, Mike, de savoir que Dieu ou les anges riaient ? Les humoristes font rire les gens. Ce qui ne signifie pas qu'ils sont heureux. Le rire est un réflexe, comme l'éternuement.

La voix, restée silencieuse pendant quelques secondes, reprit :

Tout le monde devrait pouvoir l'entendre. Fiston, ça changerait la face du monde.

Mike en doutait sérieusement, mais il ne se risqua à aucun autre commentaire.

La voix semblait savoir ce que pensait Mike.

Je suis sérieux. Rien ne pourra changer tant que le monde ne rira pas avec Dieu.

« Rien ne changera de toute façon », répliqua Mike. Il se pencha pour prendre au sol la bouteille de whisky. Il songea à en boire une gorgée, puis se ravisa.

« Je suis heureux de savoir que tout va bien pour toi, Papa, dit-il. Mais il faut que j'y aille. Bon séjour dans les limbes. »

Tu ne me crois pas.

« Je crois surtout que je me suis offert un petit moment de folie. Je rentre chez moi me reposer. J'ai eu une semaine difficile. »

Pas moi.

« J'en suis heureux pour toi. »

Ce n'est pas une façon de se quitter, fiston. Mon accès est limité. Tu dois écouter. Je peux te dire quoi faire. Après, toi aussi, tu l'entendras.

Mike s'était déjà levé pour partir.

« Si Dieu et les anges aiment rire, alors j'ai une blague pour eux, dit-il. Un type meurt et va en enfer. Le diable lui fait faire le tour du propriétaire. Ils tombent sur un bonhomme de quatre-vingt-dix ans, assis sur un banc dans un parc, en train d'embrasser une superbe fille de vingt ans. L'homme demande alors au diable : « Que se passe-t-il ? Ce n'est pas l'enfer ici. » Le diable répond : « Si, pour la fille. »

Ha, ha.

La voix paraissait découragée, mais Mike s'en fichait. Il ne pouvait pas imaginer Dieu et les anges en train de rire, à moins qu'ils ne le fassent en voyant le gâchis horrible perpétré par les hommes sur la Terre, auquel cas il s'agissait d'un rire cruel. Quant au diable, il pouvait sourire. Il y avait de quoi.

Soudain, Mike sentit la tristesse lui serrer la poitrine.

« Tu me déçois, Larry. Jusqu'à présent, tu n'avais jamais fait dans le sermon. Tu as fait pas mal d'erreurs, mais je te suis reconnaissant pour une chose : tu n'as jamais été hypocrite. »

Je peux réparer tout ce que j'ai fait, fiston.
« Trop tard. »
Mike était déjà à la porte. L'écran vira au noir et la pièce fut plongée dans l'obscurité. Sa main hésita l'espace d'une seconde sur la poignée. La voix lui avait dit de ne pas tout gâcher. Et s'il venait juste de le faire ?

2

Le lendemain matin, Nex sauta sur le lit et commença à lécher le visage de Mike. Nex était un Doberman nain. L'ex-femme de Mike, Dolores, l'avait baptisé Daisy, mais Mike, après avoir récupéré la chienne à la suite du divorce, s'était empressé de la rebaptiser Nex. Ce qui lui permettait de répondre, lorsque les gens lui demandaient s'il s'agissait d'un chien ou d'une chienne : « Mon Nex est une chienne. C'est une vraie garce. » Quoi qu'il en soit, même si Dolores l'avait quitté, le Doberman continuait à l'aimer.

La chienne commença à gémir, les yeux rivés sur le visage de Mike, quémandant sa promenade matinale. Ou sentait-elle quelque chose de différent chez lui ?

« Ne t'inquiète pas, ma belle, murmura Mike à son oreille. Tout va bien, je t'assure. »

Nex se retourna promptement et lui mordilla la main. Elle était du genre nerveux.

Quelques minutes plus tard, Mike, appuyé contre le comptoir de la cuisine, s'entretenait au téléphone.

« Jette tout ce qu'il y a dans l'appartement de mon père. Donne-le. Je ne veux rien. »

Alicia, son agent, était à l'autre bout du fil.

« Et les photos, les affaires de famille ?

— Fais le tri. Je te fais confiance », répondit Mike.

Il but une gorgée d'expresso.

« Tu sais, je pensais à un truc. Je ne raconte jamais de blagues sur Dieu dans mes sketchs.

— Tu as envie de t'y mettre ? Alicia paraissait sceptique. Qu'est-ce qui t'arrive ?

— Rien. »

L'étrangeté de la nuit précédente s'était dissipée. Quelle qu'ait été son hallucination, elle avait été temporaire. Même s'il aurait aimé parler une dernière fois, pour de vrai, à Larry.

Alicia reprit :

« Repose-toi. Prends quelques jours de repos. Je me charge des prédateurs.

— Merci. »

Nex grattait à la porte pour sortir. Sur un des côtés de la maison, celui faisant face à l'océan, des baies vitrées avaient été aménagées. Mike mit sa chienne en laisse ; tous deux s'avancèrent en direction de la plage. Nex ne cessait d'aboyer après les vagues, comme si elles avaient été des voleurs cherchant à dérober le sable.

« Tu es folle », dit Mike avec indulgence.

Généralement, il aimait la regarder foncer comme une dératée dans les vagues, mais ce jour-là, il se sentait morose et agité. Il ne parvenait pas à oublier les propos que lui avait tenus la voix de Larry. Non qu'ils aient eu du sens. Comme quasiment toutes les personnes de sa connaissance, Mike était allergique à Dieu. Que pouvait apporter de positif le fait de croire en une divinité qui se bornait à regarder en spectateur les génocides, le SIDA ou les enfants mourant de faim ? Soit Dieu n'existait pas, soit c'était quelqu'un à éviter.

Cette pensée rappela à Mike une vieille blague.

Un athée nage dans l'océan lorsqu'il aperçoit l'aileron d'un immense requin blanc. Désespéré, il s'écrie : « Dieu, sauve-moi ! »

Soudain, tout se fige, le ciel s'ouvre et une voix déclare : « Pourquoi devrais-je te sauver ? Tu ne crois pas même en mon existence. »

L'athée a alors une idée.

« Tu peux peut-être faire en sorte que le requin croie en toi.

— Très bien. »

Le ciel se referme et, subitement, le requin fonce droit en direction de l'athée. Soudain, il s'arrête et joint ses ailerons. Il commence à prier.

L'athée est étonné. « Ça a marché. Le requin croit en Dieu. »

Il entend alors le requin murmurer : « Nous te remercions, Seigneur, pour ce repas. »

Mike remarqua soudain un inconnu s'avancer dans sa direction. Ce n'était ni un jogger, ni un nageur ni un pêcheur, de ceux qui arpentaient généralement la plage. L'inconnu s'avançait d'un pas lent et régulier en direction de Mike. Avec le soleil du matin en contre-jour, Mike ne discernait que sa silhouette. Lorsque l'inconnu fut plus près, Mike distingua les traits d'un homme de haute stature, la trentaine, au teint basané et à la barbe courte, vêtu d'un pantalon de treillis et d'une chemise bleue.

L'homme s'arrêta directement devant Mike :

« Vous avez quelque chose pour moi », dit-il.

Saisi de surprise, Mike ne put que marmonner :

« Je ne crois pas. »

— En général, je ne me trompe pas, répondit l'homme. Regardez dans vos poches. »

Son aspect physique était intimidant – Mike trouvait qu'il ressemblait à un conquistador espagnol, l'armure en moins – mais sa voix était rassurante.

« Qu'est-ce que je pourrais bien avoir dans mes poches ? demanda Mike.

— Un indice. »

Le conquistador attendit. Comme il semblait impossible de se débarrasser de lui, Mike commença à farfouiller dans les poches de son pantalon de jogging. Il en sortit un morceau de papier plié.

« Vous voulez que je le lise pour vous ? demanda le conquistador.

— Non, je peux le faire. »

En dépliant le papier qui comportait une inscription sur l'un des côtés, Mike dit :

« Vous voulez bien me dire votre nom ?

— Francisco. Je connais le vôtre. Que dit le message ? »

Mike n'était pas particulièrement surpris qu'un inconnu le reconnaisse. Il se mit à lire ce qui était écrit sur le morceau de papier.

Je dis beaucoup de mensonges, mais on me croit toujours.
Si le pire advenait, j'éprouverais un immense soulagement.
Dès le jour de ta naissance, j'ai empoisonné ton cœur,
Je serai encore là ton dernier jour venu.

L'inquiétante énigme était rédigée dans une écriture manuscrite petite et précise. Francisco acquiesça, comme s'il s'était agi de l'indice qu'il attendait.

« Nous savons maintenant par où commencer, déclara-t-il.

— Commencer quoi ? demanda Mike.

— Le processus, répondit Francisco avec une certaine satisfaction. Tu as été choisi. Non que rien ne le laisse deviner à te voir. Mais ce n'est pas un problème : ce n'est presque jamais le cas. »

Mike hocha la tête :

« Je ne veux pas être choisi.

— Pourquoi ?

Parce que j'aime ma vie telle qu'elle est, avait-il envie de répliquer. Mais il n'était pas du tout sûr que cela était vrai, alors il répondit :

« Mon père vient de mourir. Je ne suis pas en état de gérer tout ça.

— Tu parles de Larry ? dit Francisco. À ton avis, qui t'a envoyé ce message ? »

Mike sentit sa gorge devenir sèche.

« Comment connais-tu Larry ?

— Peu importe. On vient de te donner un indice. C'est très, très rare. Tu devrais en être reconnaissant. »

Francisco fixa Mike :

« Ne t'évanouis pas, dit-il. Respire profondément et calmement. »

Mike obtempéra. Lorsqu'il fut certain de ne pas s'évanouir, il ajouta :

« Est-ce que tu vas m'emmener ailleurs, dans un autre endroit ? »

Son appréhension fit rire l'inconnu :

« Non, rien de tout cela. Nous allons commencer par résoudre l'énigme. Nous verrons où cela nous mène.

— Je n'ai pas de réponse, dit Mike.

— Tu es trop nerveux pour penser correctement, rétorqua Francisco. On le serait à moins. »

Il prit le papier des mains de Mike et y jeta un rapide coup d'œil. Il y écrivit ensuite un mot à l'aide d'un crayon qu'il prit dans sa poche. Il lui redonna le papier, sur lequel figurait le mot « *Peur* ».

« C'est ça la réponse ? », demanda Mike.

Francisco acquiesça.

« Ça marche pour tous les vers. »

Il récita de nouveau l'énigme, cette fois avec la réponse aux endroits appropriés.

La peur dit de nombreux mensonges mais on la croit toujours.
Si le pire advenait, la peur éprouverait un immense soulagement.
Dès le jour de ta naissance, la peur empoisonna ton cœur,
La peur sera toujours là ton dernier jour venu.

« Ne sois pas si déçu, ajouta Francisco. Nous allons faire en sorte que tu ne connaisses plus la peur.

— Ça ne m'intéresse pas, rétorqua Mike, qui allait jusqu'à regretter que cet inconnu lui ait donné ce papier.

— Tu dois laisser une chance au processus.

— Et pourquoi donc ? En toute franchise, c'est avant tout ta présence qui me rend le plus nerveux », répondit Mike.

Au même instant, il sentit un petit coup au niveau de sa cheville. Il se baissa et aperçu Nex qui le regardait.

« Elle a envie de rentrer. Au revoir. »

Francisco hocha la tête :

« Tu sais à qui tu me fais penser ? À un patient dans la salle d'attente du dentiste. Bien que la plupart des gens ne le montrent pas, ils ont tous peur. Mais quand ils en sortent, ils sourient tous. N'as-tu pas envie toi aussi de ressortir tout sourire ?

— M. Sourire, c'est mon surnom, répondit Mike. Il éprouva une pointe de culpabilité à l'idée de rejeter l'offre de l'inconnu. Personne n'ignore complètement la peur, ajouta-t-il.

— Moi si. »

Cette prétention aurait pu prendre des allures de fanfaronnade, si ce n'est que Mike, en regardant Francisco, fut tenté de le croire. Les yeux de Francisco étaient aussi fixes que les étoiles et d'un calme absolu. Francisco considéra cet instant d'hésitation comme une ouverture.

« Et si tu essayais ? ».

Il tentait de se montrer persuasif.

Que pouvait répondre Mike ? Il n'était guère possible pour lui de prendre la fuite, ce qui aurait eu l'air de donner raison à cet inconnu. Par ailleurs, Alicia lui avait conseillé de prendre quelques jours de repos. Autant jouer le jeu.

*
* *

« La première chose à savoir, dit Francisco, est que la peur est un mensonge. Exactement comme l'affirme l'énigme. »

Mike avait quelques difficultés à l'entendre ; ils se trouvaient tous deux sur le bas-côté de l'autoroute qui longeait la plage. Dix voies d'automobiles et de camions grondaient à côté.

« Pourquoi est-ce que nous sommes ici ? », demanda Mike.

Au lieu de répondre, Francisco lui posa la question suivante :

« Que se passerait-il si tu t'avançais maintenant au milieu des voitures ?

— Je serais tué.

— Eh bien, tu vois, c'est un mensonge. Essaie.

— Tu as perdu l'esprit ? »

Francisco fit non de la tête.

« Descends du trottoir. Tu es en sécurité. C'est une voie de garage. »

Deux voitures étaient garées devant eux, à une distance qui permettait de se faufiler entre elles.

Mike descendit du trottoir, mal à l'aise.

« Où est-ce que cela nous mène ?

— Cesse de poser des questions. Avance. »

Mike se rapprocha du flot de circulation. Il s'arrêta à la hauteur des voitures garées.

« Continue, lui intima Francisco. Dirige-toi vers la portière avant comme si tu voulais l'ouvrir. »

Mike obéit.

« Maintenant, fais face à la circulation et avance dans sa direction.

Ce type est vraiment dingue, pensa Mike.

« La peur ne te quittera pas tant que tu n'auras pas essayé », dit Francisco.

Et puis zut après tout. Mike guetta une brèche dans le flot des voitures, puis s'avança sur la chaussée. Alors qu'il rassemblait ses forces pour le pas suivant, un coup de klaxon strident lui parvint aux oreilles. Surgie de nulle part, une camionnette fonçait dans sa direction. Instantanément, il fit un bond en arrière. La camionnette passa en trombe devant lui ; le chauffeur lui jeta un regard furieux.

Mike se précipita vers le trottoir.

« Qu'est-ce que cette petite expérience était censée prouver ?

— Elle a prouvé que tu n'as pas réussi à te faire tuer. Tu t'es reculé à temps. Pourquoi ? Parce que ton corps réagit à l'instinct. En cas de danger, il se met en mouvement pour fuir. »

Il s'en était fallu de peu et son cœur battait la chamade. Il avait du mal à écouter les propos de l'inconnu.

« J'aurais pu être tué, insista-t-il.

— Non, c'est ta peur qui réagit ainsi à ta place. Recommence. Avance-toi dans la circulation. Tu ne seras pas blessé. Ton corps ne le permettra pas. Il sait comment prendre soin de lui. »

Il était hors de question pour Mike de s'avancer de nouveau dans le flot de circulation. Mais il s'imagina le faire et sut que Francisco avait raison. L'impulsion de recul serait la plus forte.

« Même si tu avais raison, dit-il, je ne vois pas ce que cela a à voir avec le fait que la peur soit mensongère.

— La peur te dit que tu n'es pas en sécurité, répondit Francisco. Alors que tu l'es. C'est une illusion que de penser que tu n'es pas en sécurité. Tu accordes du crédit à un mensonge. »

Francisco ne laissa pas à Mike la moindre chance d'argumenter :

« Tu t'apprêtes à me citer toutes les raisons du monde prouvant que j'ai tort. Essaie plutôt d'en trouver une qui prouverait que je pourrais éventuellement avoir raison. »

Cette tâche était plus ardue qu'il n'y paraissait. Soudain, son esprit fut envahi par ses plus grandes craintes. Le cancer. Une collision avec un automobiliste soûl. Une bande de voyous en virée faisant un carton dans les rues. Le car-jacking. Des voleurs s'introduisant chez lui. Il força son esprit emballé à s'arrêter.

« Tu vois ce que tu fais ? demanda Francisco. Tu imagines le pire.

— Le pire n'est pas si imaginaire que cela, répondit Mike.

— Bien sûr que si. La stratégie principale de la peur est de donner aux illusions l'apparence de la réalité. Mais une souffrance imaginée n'est pas une souffrance réelle. La mort imaginée n'est pas la mort réelle. Lorsque tu cèdes à la peur, soit tu te projettes dans l'avenir, soit tu réactives le passé. Ici et maintenant, tu es en sécurité. Quand la peur tente de te persuader que ces illusions sont réelles, tu perds le contact avec le présent. Le monde se transforme en une gigantesque salle d'attente de dentiste remplie de patients anticipant la douleur à venir.

— Il arrive qu'on ait vraiment mal chez le dentiste, répliqua Mike.

— Ce qui reviendrait à dire que la peur contribue à rendre les choses moins douloureuses ? Je ne le crois pas. Si tous les patients de la salle d'attente ont peur et que seuls cinq pour cent souffrent véritablement dans le fauteuil du dentiste, alors la peur est inutile pour les quatre-vingt-quinze pour cent restants. La peur est un terrible prophète de l'avenir. En fait, rien n'est aussi peu digne de foi que la peur ; pourtant, les gens ne cessent de s'y fier encore et toujours. »

Francisco pouvait voir que ses arguments portaient.

« C'est bien. Ton esprit commence à se détendre, constata-t-il.

— Je ne sais pas, répliqua Mike, dubitatif. Il y a quand même les cinq pour cent restants.

— Si le météorologue du coin n'avait raison que cinq pour cent du temps, il se ferait virer, rétorqua

Francisco. Il est temps d'en faire de même avec ta peur. Allons-y. »

Il commença à s'éloigner de l'autoroute. À proximité, en bordure de plage, de nouvelles résidences étaient en construction.

« On va prendre quelque chose sur ce chantier », annonça Francisco.

Au bout d'un instant, il désigna les poches de Mike :

« Lis le second vers de l'énigme. »

Mike sortit le papier de sa poche :

« *Si le pire advenait, j'éprouverais un immense soulagement.*

— C'est comme cela que la peur agit, déclara Francisco. Toutes les fois que l'une de tes peurs se vérifie, tu lui sais gré de t'avoir protégé jusqu'à ce moment-là. Ce qui ne fait que t'inciter à passer ta vie dans la crainte d'une catastrophe. »

Mike se sentait plus détendu auprès de l'inconnu, tandis qu'ils marchaient côte à côte, Nex trottant devant eux. Il avait toujours le sentiment que tout cela n'était qu'un jeu ; quoi qu'il en soit Francisco pouvait être dans le vrai. Il avait l'impression qu'une partie de son esprit – un petit fragment – se défigeait.

« Tu me dis que je ne devrais jamais avoir peur ? demanda-t-il. Ce n'est pas réaliste.

— En es-tu bien sûr ? Je vais te raconter une histoire. Une jeune femme se rend chez son médecin pour une visite de routine. "J'ai une peur bleue du cancer, déclare-t-elle. Vous êtes sûr que je vais bien ?" "Absolument, répond le médecin. Tous vos examens sont normaux. Vous n'avez pas de cancer." La femme, pourtant, reste persuadée d'avoir un cancer. Au bout de quelques semaines, elle prend rendez-vous pour une autre visite. Le médecin l'examine une nouvelle fois et la rassure sur le fait qu'elle n'a aucune inquiétude à avoir. Elle n'a pas de cancer. Le même scénario se reproduit pendant des années. Tous les deux ou trois mois, la femme retourne chez son médecin, persuadée, à tort, d'être atteinte d'un cancer. Un jour lors d'une visite, elle est alors âgée de quatre-vingts ans, le médecin lui dit : "Je suis terriblement désolé. J'ai de mauvaises nouvelles. Vous avez un cancer." La femme s'exclame alors : "Je vous l'avais bien dit." »

Il ne s'agissait pas à proprement parler d'une histoire drôle, mais Mike esquissa un bref sourire.

« Tu vois où je veux en venir ? demanda Francisco. Ce n'est pas parce quelque chose de mal arrive que cela prouve que tes craintes étaient fondées. La peur ne cessera jamais d'essayer de te convaincre. Mais lorsque tu décides de dire non à ces tentatives de persuasion, tu ne connais plus la peur. »

Ce faisant, ils étaient parvenus au chantier. En ce jour de week-end, il était désert. Francisco se dirigea vers une benne et fourragea à l'intérieur. Au bout d'un instant, il en sortit une longue planche de bois.

« Voyons voir, dit-il. Il posa la planche au sol. À ton avis, quelle est la largeur de cette planche ? Une quinzaine de centimètres ?

— Oui, à peu près, répondit Mike.

— Et sa longueur ? Deux mètres cinquante environ ?

— Oui.

— Voyons si tu peux marcher dessus sans tomber. »

Mike posa le pied sur la planche et se dirigea vers son extrémité.

« Facile ? », demanda Francisco.

Mike acquiesça.

« Tu en es sûr ? Recommence. »

Mike fit le trajet en sens inverse.

Francisco ramassa la planche et se dirigea vers le bâtiment en construction le plus proche, repéra un escalier de secours et commença à monter.

« Suis-moi. »

L'immeuble était quasiment terminé. Une fois parvenu sur le toit, Francisco regarda aux alentours. Ils se trouvaient à une hauteur de cinq étages. L'océan s'étendait vers le sud en direction de Santa Monica et au nord vers Malibu. Au lieu d'apprécier la vue, Francisco se dirigea vers la bordure du toit et posa la planche comme un pont sur le vide qui les séparait du bâtiment voisin. Sa longueur comblait à peine l'espace.

« Vas-y, recommence », dit-il.

Mike jeta un coup d'œil nerveux aux quinze mètres de vide.

« Je ne peux pas, déclara-t-il.

— Mais tu viens de le faire. Deux fois. Au sol, cela ne présentait aucun problème.

— Ce n'est pas la même chose.

— Pourquoi ? »

Francisco le regarda pendant un instant.

« C'est la peur qui t'arrête. Sur le plan de la logique, tu ne devrais avoir aucun problème à marcher sur cette même planche. Mais la peur te dit que tu ne peux pas. Pourquoi lui accorder du crédit ?

— Parce que si je tombe, je me casserai le cou, répondit Mike.

— La peur te fait prendre les fruits de ton imagination pour la réalité », dit Francisco.

Sans le moindre avertissement, il monta sur la planche. Une fois au milieu de la planche, il fit demi-tour.

« Mon équilibre n'est pas meilleur que le tien. Maintenant, regarde bien. »

Il se retourna rapidement, puis commença à rebondir légèrement sur la planche, qui se plia et craqua sous son poids. Mike, à l'observer, fut presque saisi d'une nausée d'angoisse.

« Arrête. Reviens », s'écria-t-il.

Francisco s'exécuta. Après avoir rejoint Mike, il le regarda.

« Tu as eu peur en me regardant. N'est-ce pas étrange ? Tu n'étais pas en danger. Tu ne faisais même pas face à un danger imaginaire.

— J'avais peur pour toi », répondit Mike.

À cette réponse, qui paraissait en tout point raisonnable, Francisco hocha la tête.

« Tu te rends compte comment la peur contamine tout ? Elle se propage même à des situations où tu n'es pas directement concerné, et tous les espaces qu'elle gagne paraissent dès lors extrêmement dangereux. »

Ils retraversèrent le toit et se dirigèrent vers l'escalier de secours. Les deux hommes restèrent silencieux jusqu'à ce qu'ils se trouvent de nouveau sur la terre ferme.

« Cela suffit pour une première journée, déclara Francisco. Es-tu disposé à me revoir ? À toi de décider. »

Mike était sur ses gardes.

« Et ensuite ?

— Aujourd'hui, nous n'avons fait que flirter avec la peur. Demain, nous passerons aux choses sérieuses. En y ajoutant peut-être un soupçon de terreur. Qu'est-ce que tu en dis ?

— Ça a l'air horrible.
— Je vais te dire ce qui est horrible. Lis les deux derniers vers de l'énigme », demanda Francisco.
Mike sortit le morceau de papier et lut :

Dès le jour de ta naissance, j'ai empoisonné ton cœur,
Je serai encore là ton dernier jour venu.

Quand Mike eut terminé, l'inconnu à la haute stature déclara :
« Je peux te promettre une chose. Si tu ne continues pas ce processus, la peur aura prise sur toi jusqu'à ton dernier jour.
— Vraiment ?
— Vraiment. »
Sur ces mots, Francisco prit congé. Bientôt, Mike se rendit compte qu'il avait oublié de demander ce que tout cela avait à voir avec le rire des anges et de Dieu. Il était persuadé qu'il devait exister un lien. Larry ne l'aurait pas mené en bateau. Et si cela avait été le cas ? Une fois la mort venue, les excuses sont superflues.
Il pouvait entendre les protestations d'Alicia.
« Ne vole pas les blagues des autres, Mike. Tu vaux mieux que ça. »

3

Mike devait reconnaître que Francisco était vraiment un personnage. Qu'avait-il de si spécial ? Du magnétisme, du charisme ? Cependant, une fois Francisco reparti, le souvenir de leur rencontre s'évanouit rapidement. Le lendemain, toute cette histoire lui apparaissait comme une perte de temps. Son but dans la vie n'était pas de se libérer de la peur. Pourquoi devrait-il s'en affranchir ?

Lorsque Nex sauta sur le lit pour le réveiller, il décida de ne pas sortir la promener. Il était résolu à éviter la plage, au cas où Francisco l'y attendrait.

Il se sentit nerveux toute la matinée. Il feuilleta quelques magazines, qui l'occupèrent peu de temps. Il était aussi trop agité pour rester devant la télé. Vers midi, le téléphone sonna. Mike sursauta, même s'il n'avait aucune raison de craindre quoi que ce soit.

L'appel provenait de sa sœur qui vivait à Atlanta.

« Je voulais juste savoir si tu avais besoin de quelque chose, dit-elle.

— De quoi pourrais-je bien avoir besoin ?

— Je l'ignore. »

Sa sœur s'appelait Janet ; elle et Mike n'entretenaient que des contacts sporadiques. Lors du divorce de leurs parents, le frère et la sœur avaient été séparés. Une moitié de la famille resta à Chicago ; l'autre s'établit à Atlanta. Mike, qui était demeuré sur place avec son père, ne voyait Janet que lorsqu'il rendait visite à sa mère, une semaine chaque été. La décision de sa sœur de ne pas assister aux obsèques de leur père ne le surprit pas.

« Je ne peux pas m'empêcher de penser qu'il a souffert, dit-elle. Il paraît qu'il n'y a pas plus douloureux qu'une crise cardiaque. C'est comme si un camion te roulait sur la poitrine.

— Je t'en prie, Janet.

— Tu es sûr qu'il n'a rien senti ?

— Non, ça s'est passé comme *ça*. » Il claqua des doigts.

« Mais on ne peut pas en être sûr ? Sa voix tremblait. Il aurait pu rester comme ça longtemps, tout seul, à souffrir atrocement. Un vrai supplice.

— Tu te fais du mal à penser ce genre de choses.

— Tu as sans doute raison. »

Janet se tut un instant pour se ressaisir.

« J'aimerais être aussi sûre que toi », ajouta-t-elle.

Qu'est-ce que cela était censé signifier ? Les propos de sa sœur lui rappelaient comme ils se connaissaient mal. Lorsque sa carrière décolla, Janet ne l'avait jamais appelé pour le féliciter. Elle n'utilisait jamais non plus les places gratuites qu'il lui envoyait lors de ses tournées ou de la sortie d'un de ses films.

« Est-ce que tu me trouves drôle ? demanda-t-il.

— Quoi ? »

La question paraissait saugrenue. Mike ignorait ce qui l'avait poussé à la poser. Mais il ne fallut que quelques secondes à Janet pour répondre.

« J'ai grandi avec toi, dit-elle. Tu ne racontais jamais de blagues. Tu n'étais pas du genre « pitre de la classe » ou « clown de service ». Le divorce des parents t'a changé.

— Tu veux dire que je me suis transformé à ce moment-là en comique de service ?

— Ne sois pas tant sur la défensive, Mike. Ce n'est pas ce que j'ai voulu dire. Tu as changé, c'est tout. Tu voulais être amusant à tout bout de champ. C'était bizarre, c'est tout.

— Ah bon ? Alors comme ça, tu ne me trouves pas drôle. Qu'est-ce que je suis pour toi ? Un frère cadet qui fait le pitre sur une scène ?

— Tu es en colère. »

Mike ne protesta pas.

« Tu m'as posé une question, Mike. Je pensais seulement que nous ne devrions pas être aussi distants l'un envers l'autre, ajouta Janet.

— Je suis désolé. Les derniers jours ont été de la folie. »

Janet accepta ce geste de paix. Elle murmura qu'elle aussi était désolée, puis raccrocha.

Soudain, sa demeure spacieuse lui parut aussi étriquée qu'une boîte à chaussures. Il sortit se promener vers le ponton. Au bout, un homme occupait l'un des transats blancs dans lesquels Mike aimait prendre le soleil. C'était Francisco.

« Il faut t'attendre à ce que ce genre de choses se produise plus souvent désormais, déclara-t-il sans se lever.

— De quoi parles-tu ? rétorqua Mike d'un ton cassant, faisant fi des salutations de rigueur.

— Avec le processus, tu ouvres une porte. Et de l'inattendu se produit.

— Je m'en tape de ton processus », répliqua, amer, Mike.

Francisco ne se froissa pas.

« Pauvre Mike », murmura-t-il.

Il admira un long moment l'éclat radieux du vaste océan devant eux, puis se leva.

« Nous devons utiliser ta voiture. Prévois aussi une histoire drôle à raconter. Ce qui ne devrait pas être un problème, pas vrai ? »

Encore remué par la conversation avec sa sœur, Mike n'était pas opposé à un peu de compagnie.

« D'accord », répondit-il.

Peu après, ils roulaient à vive allure le long de l'autoroute de la côte. Francisco lui désigna la sortie sur Sunset Boulevard.

« Je ne sais pas où tu me conduis, mais c'est cool, dit Mike. Toutefois, pour ta gouverne, je ne suis pas comme tu crois.

— À savoir ? demanda Francisco.

— Quelqu'un qui a peur de la vie. Quelqu'un d'inquiet. D'angoissé.

— Entendu.

— Tu ne me crois pas. »

Francisco haussa les épaules.

« Peu importe ce que je crois. Tu as pris au pied de la lettre ce que je t'ai dit. La peur accompagne notre existence, pour la plupart d'entre nous du jour de notre naissance à celui de notre mort.

— Qu'est-ce qui te rend si différent ?

— Lorsqu'on ne vit pas dans la peur, on voit la vérité. Elle s'impose comme une évidence.

— Si tu le dis », marmonna Mike.

Il gardait un œil sur la route et sur Sunset Boulevard serpentant parmi les banlieues chics. Francisco ne lui avait pas indiqué de direction.

« Tu as une histoire drôle comme je te l'ai demandé ? demanda Francisco.

— Sur quel thème ?

— Sur les chiens. »

Mike haussa les épaules.

« Un homme entre dans un bar avec son chien. Il dit au barman : "Mon chien Fido parle. Je suis prêt à te le prouver si tu m'offres à boire." La curiosité du barman est piquée ; il offre alors un verre au type. "Peux-tu vraiment parler ?", demande-t-il au chien. "Sans le moindre doute", répond celui-ci. Le barman est drôlement impressionné. Il sort de l'argent de sa poche. "Tiens, voilà cinq dollars, dit-il au chien. Va faire la conversation en face à mon ami Paddy." Le chien prend l'argent et quitte le bar. Au bout de quelques minutes, le propriétaire du chien sort. Et qu'est-ce qu'il voit ? Son chien en train de faire son affaire à une chienne. Il est choqué. "Fido, s'exclame-t-il, jamais tu n'avais fait ça avant !" "Jamais je n'avais eu cinq dollars non plus !", répond le chien. »

Ce n'était certes pas la plus drôle des blagues, mais Mike fut agacé de constater que Francisco ne riait pas.

« On me paie des sommes astronomiques pour raconter des blagues », dit-il.

Francisco lui coupa la parole.

« Tourne là », dit-il. Il désignait une maison sur la gauche.

« Tu connais les propriétaires ? demanda Mike.

— Non », répondit Francisco d'une voix calme.

L'idée de s'engager dans l'allée d'une maison inconnue le mettait mal à l'aise. Une fois la voiture garée, il suivit Francisco, qui se dirigea non vers la porte d'entrée mais fit le tour par l'arrière. Au bout de quelques mètres, Mike entendit des aboiements sonores. Lorsqu'il tourna le coin de la maison, il vit deux bergers allemands, qui se mirent à aboyer de plus belle et à tirer sur leur laisse comme des forcenés.

« On ne devrait pas. Allons-nous en », s'exclama Mike, alarmé. Il s'attendait à voir surgir à tout moment les propriétaires furieux.

« Approche-toi, demanda Francisco.

— Pas question. »

En règle générale, il n'avait pas peur des chiens, mais ceux-ci étaient gros et dangereux. Ils montraient leurs crocs et faisaient un bruit assourdissant. Mike sentait son cœur battre à tout rompre dans sa poitrine.

Francisco tira sur sa manche.

« Raconte-leur ta blague sur le chien », dit-il. Il attira Mike à environ trente centimètres des chiens, qui se déchaînèrent de plus belle.

« Vas-y.

— Un homme entre dans un bar », commença-t-il.

Il parvenait à peine à articuler les mots. De l'écume sortait de la gueule de l'une des bêtes.

« C'est du délire ! », hurla Mike. Il s'écarta et s'enfuit en courant en direction de la voiture.

À sa grande surprise, Francisco ne chercha pas à le retenir. Il le suivit, tandis que derrière eux, les chiens continuaient d'aboyer comme des forcenés.

« Tu les aurais fait taire en quelques minutes, dit Francisco.

— Permets-moi d'en douter. »

Ils montèrent en voiture et firent marche arrière dans l'allée. Mike n'était pas d'humeur à entendre quoi que ce soit jusqu'à ce qu'ils aient regagné la route et se soient éloignés de la maison.

« J'ai fait cela pour te prouver que tu t'illusionnes en pensant que tu ne vis pas dans la peur, déclara Francisco. La peur est ta compagne silencieuse ; elle surgit quand tu t'y attends le moins.

— Je me passerais bien de ce genre de plaisanterie douteuse, marmonna Mike. Ces chiens étaient des tueurs. Tout le monde aurait eu une trouille monstre.

— Leurs maîtres aussi ? Crois-tu qu'ils en ont peur ?

— Ils ne comptent pas.

— Tu ne piges pas. Les gens s'habituent à la peur et la confondent avec la panique. Ces maîtres sont habitués à leurs chiens, mais si, en sortant un jour de leur maison, ils voyaient à la place deux alligators, tout changerait en une fraction de seconde », répliqua Francisco.

Mike était encore tout ébranlé.

« T'as raison. Je ne pige pas, car bizarrement, ce n'est pas trop mon truc de planquer des alligators pour piéger les gens.

— Cesse de résister. J'essaie de t'inciter à regarder à l'intérieur de toi, répondit Francisco. Même quand tu ne t'en rends pas compte, tu es sous l'emprise de la peur. À tout moment, elle peut surgir et te faire perdre tous tes moyens. »

Mike continuait de ruminer mais, à un certain niveau, il saisissait les propos de Francisco. Nul doute que cet inconnu de grande taille croyait ce qu'il disait. Vu sous son angle, ce qu'il disait faisait sens. Peut-être le moment était-il venu de se montrer un peu moins rigide.

« Dis-moi seulement où tout cela mène, dit Mike.

— Imagine que ton pire ennemi emménage chez toi, dans ton salon. Tu as beau faire, il refuse de partir. Il est là, jour après jour. Que fais-tu ? Tu finis par l'ignorer et faire semblant qu'il n'est pas là.

— J'appellerais la police, rétorqua Mike.

— Cesse de te battre contre moi, demanda Francisco.

— D'accord, d'accord.

— Tu n'es pas chez toi si l'un de tes ennemis s'y installe. Tu auras beau le cacher derrière un rideau ou redécorer la pièce, tu ne seras jamais en sécurité tant que tu n'auras pas trouvé un moyen de le déloger. »

Francisco s'était exprimé sur un ton détaché, mais il appuya ses arguments suivants :

« Tu es chez toi dans le monde et c'est un endroit sûr. Dieu l'a créé ainsi. Mais la peur s'immisce partout. C'est un problème terrible. Plus personne ne se sent en sécurité.

— Amen, marmonna Mike.

— Tant que tu vis dans la peur, le monde constitue une menace. Si ça t'est égal, grand bien te fasse. Mais en vivant de la sorte, jamais tu n'accéderas à la joie de l'âme », répondit Francisco.

Mike ne put réprimer une grimace.

« Tu es toujours aussi optimiste ?

— Tu trouves que je devrais me montrer plus léger ? répliqua Francisco avec un petit rire.

— Ça ne serait pas un mal. »

Francisco regarda par la vitre le bleu parfait du ciel. Il se tut et Mike se sentit soulagé. Il avait trop de choses à assimiler et se sentait vaguement nauséeux.

Dès le jour de ta naissance, j'ai empoisonné ton cœur.

Que tout cela était déprimant ! Il avait l'impression qu'un mois s'était écoulé depuis qu'il était tombé sur le fantôme de Larry, ou qui que ce fût, à la télévision. Et Dieu ne riait toujours pas, en tout cas pas de façon audible pour Mike.

Pourtant Janet avait raison. Après le divorce de leurs parents, il était entré dans la peau d'un farceur. Mais elle n'avait pas compris pourquoi. Mike ne s'était senti ni triste ni seul. Il avait simplement voulu être heureux et avait compris – il n'avait alors que quinze ans – que personne ne pourrait le faire à sa place. Entendre les gens rire lui procurait un plaisir authentique et constituait le seul réconfort à sa portée.

« Que dirais-tu d'une blague sur la fin du monde ? », demanda Mike.

Francisco tourna la tête vers lui.

« Vas-y !

— Une dame âgée, petite et menue, va déjeuner dans un restaurant. Elle prend une salade. Elle dit ensuite au serveur : "Je prendrais bien une glace." "Je suis désolé de vous l'annoncer, répond le serveur, mais dans cinq minutes c'est la fin du monde." La dame âgée réfléchit quelques instants, puis répond : "Dans ce cas, ne lésinez pas sur la chantilly." »

*
* *

« Prêt pour un moment de pure terreur ? annonça Francisco à Mike. Ça va être intense. Ne t'effondre pas sur moi. »

Son avertissement aurait paru plus crédible s'ils s'étaient trouvés ailleurs.

« Ici ? demanda Mike. C'est un magasin de jouets.

— Attends de voir. »

Francisco regardait autour de lui comme s'il cherchait quelque chose. Au bout d'une minute, il trouva : une mère accompagnée de sa petite fille d'environ trois ans. La mère était penchée vers sa fille et lui montrait une poupée dans sa boîte de carton rose. L'innocence même.

Le portable de la mère se mit à sonner. Elle le sortit de son sac pour répondre.

« Allô ? Quoi ? Tu veux rompre ? »

Elle semblait en colère et se mit à arpenter le magasin.

« Regarde bien », dit Francisco à voix basse.

La fillette, comme hypnotisée par la poupée, n'avait pas remarqué que sa mère s'était éloignée. La mère se trouvait désormais hors de son champ de vision, dans un coin, et la fillette n'avait toujours rien remarqué. Trente secondes s'écoulèrent avant qu'elle lève la tête. Son menton commença à trembler.

Mike savait ce qui se préparait. Ne voyant pas sa mère, la fillette regarda autour d'elle pendant un instant, puis éclata en sanglots. Oubliée, la poupée. Elle commença à courir, malheureusement dans la mauvaise direction.

Le visage de Mike se crispa. Impossible de se méprendre sur la détresse de la fillette, mais il ne pouvait rien y faire. S'il se mettait à courir vers elle, il ne réussirait qu'à l'effrayer de plus belle. À ce moment-là, la mère réapparut.

« Tout va bien, Maman est là. »

Elle souleva la fillette et la consola dans ses bras.

« Je n'étais pas partie. Tu n'as aucune raison d'avoir peur. »

Mais il était manifeste que la fillette était encore paralysée d'effroi. Elle ne parvenait pas à s'arrêter de pleurer. La mère semblait gênée. Les deux s'éloignèrent rapidement.

« De la terreur à l'état brut, déclara Francisco. Jamais je ne m'y habituerais.

— Je ne voudrais pas paraître insensible, commença Mike, mais...

— Mais ce genre de choses arrive tous les jours. Je sais. Pour toi, ça n'a duré qu'un court instant. Elle, en revanche, ne l'oubliera jamais. »

Francisco se retourna pour faire face à Mike.

« Toi aussi, tu as des souvenirs de ce genre.

— Je suppose que oui.

— Est-ce que tu mesures leur importance ? »

Sans laisser à Mike le temps de répondre, Francisco ajouta, sur un ton plus doux :

« La question n'est pas tant de savoir qui est sous l'emprise de la peur et qui ne l'est pas. La peur constitue l'une des couches d'illusion les plus résistantes. Une sorte de banc de brouillard à l'intérieur de chaque être. Mais lorsqu'on parvient à percer le brouillard, on réalise que quelque chose d'extraordinaire se trouve de l'autre côté. Quelque chose qu'on ne peut pas même imaginer. »

Soudain, une idée traversa l'esprit de Mike.

« C'est ça que mon père a vu ? C'est de ça dont il a essayé de me parler ?

— Est-ce que ton père t'aimait ? », demanda Francisco.

Mike fut décontenancé.

« J'imagine que oui. Je ne suis pas sûr.

— Maintenant, son amour pour toi ne fait pas le moindre doute. »

Francisco avait l'air si certain. Comment pouvait-il le savoir ?

« Est-ce que mon père te parle en ce moment ? », demanda Mike.

Il savait qu'il existait des médiums capables de communiquer avec les morts. Il les avait vus en zappant tard la nuit sur les chaînes du câble.

Francisco hésita.

« Tu ne poses pas la bonne question, répondit-il. Parler aux morts implique qu'ils *soient* morts. Alors qu'ils ne le sont pas. La mort n'est rien d'autre que la vie sur une autre fréquence. La musique ne s'arrête pas nécessairement parce qu'on n'est plus capable de l'entendre. »

Il constata que Mike ne semblait pas convaincu par son explication.

« Bientôt, tu auras une réponse à toutes tes questions, ajouta-t-il. Laisse le processus se dérouler. Si je te disais les choses à l'avance, tu connaîtrais peut-être la vérité, mais tu ne la posséderais pas. Alors que je souhaite que tu la fasses tienne. »

Sans attendre la réponse de Mike, Francisco se dirigea vers la porte, puis s'arrêta.

« As-tu senti la terreur de cette fillette ? demanda-t-il.

— Je crois que oui.

— Je crois que tout le monde le peut. Tu as assisté à une scène que jamais cette fillette n'oubliera. Mais, en grandissant, elle se bornera à l'enfouir au plus profond d'elle-même. »

Mike sentit un frisson le parcourir.

« On n'avait pas parlé de devenir plus léger ? »

Ils marchèrent sur le parking jusqu'à la voiture de Mike. Appuyé contre la portière passager, Francisco avait les yeux rivés au sol.

« Je sais que tout cela est difficile pour toi, dit-il d'une voix douce. La terreur de cette fillette t'a fait ressentir la tienne.

— Bon sang, tu ne peux pas laisser tomber un peu ? », répliqua Mike en fixant les yeux insondables de Francisco.

« Si tu le dis », ajouta-t-il ensuite en marmonnant. Il prit place derrière le volant.

Une fois regagné l'autoroute de la côte, Mike commença à ressentir un peu d'apaisement. Il pensa à Larry et à l'éventualité que son père l'ait aimé plus qu'il ne pouvait le montrer. Un souvenir lui revint.

À douze ans, Mike avait été envoyé dans un camp de vacances. Ce n'était pas la première fois, et il se réjouissait à l'idée de retrouver tout ce qu'il avait adoré l'été précédent : les feux de camp, les histoires de fantômes, des expéditions en canoë jusqu'au camp de filles de l'autre côté du lac. Mais le bus ne se dirigea pas vers le nord, là où se trouvaient les lacs, mais prit la direction du sud.

Lorsque Mike était descendu du car, la première chose qu'il avait vu était un homme vêtu d'un treillis de l'armée, qui hurlait aux gamins de se mettre en rang. Les veines ressortaient du cou de taureau de l'homme au visage violacé. Les jambes de Mike avaient tremblé de terreur. Personne ne lui avait dit qu'on l'envoyait dans un autre camp cet été-là. Son père n'avait pas même fait d'allusion à une éventuelle raison motivant ce choix.

Comme tous les gamins, Mike s'était adapté. Il s'était rasé le crâne et s'était fait des amis dans la caserne. Il apprit à faire son lit au carré et à ne pas rouspéter à propos des séries de pompes à l'aube. À sa grande surprise, quand le bus l'avait ramené chez lui, Mike n'était pas en colère. Il était fier de s'être endurci ; il était fier que son père ait voulu faire de lui un homme.

Mais il ne put jamais répondre à cette question simple : pourquoi son père avait-il voulu lui infliger la peur de sa vie ?

Larry essayait-il maintenant de réparer ses erreurs ?

« Dans l'univers, aucune dette ne reste impayée », déclara Francisco. Il semblait pouvoir s'accorder aux pensées de Mike avec une facilité déconcertante.

« Et cela vaut aussi pour les bonnes dettes », ajouta-t-il avec un sourire.

Mike chassa de son esprit le souvenir des camps de vacances. Il regarda Francisco.

« Je vais te raconter la dernière blague qui a fait rire mon père. Un avocat de Wall Street cherche désespérément à obtenir une promotion. Il se décarcasse vraiment, mais personne ne semble remarquer ses efforts. Un soir, il ne peut plus supporter la situation. Il en appelle au diable. "D'accord, annonce le diable. Je vais faire en sorte que tu obtiennes ta promotion. Mais en échange, je veux l'âme de ta femme, celle de tes enfants, de tes petits-enfants et de tous tes amis." L'avocat réfléchit quelques instants : "Où est le piège ?" »

Une lueur d'amusement éclaira le visage de Francisco. Il paraissait songeur.

« Beaucoup de tes blagues abordent des sujets qui pourraient te terrifier si tu n'avais pas choisi d'en rire », remarqua-t-il.

Mike aurait aimé que son compagnon se contente de rire au lieu de chercher constamment la signification de toute chose. Francisco suivit le cours de ses pensées.

« Tu me trouves sinistre, mais c'est faux. J'essaie de te guider hors des ténèbres où je t'ai trouvé. »

Mike s'était attendu à des propos conciliants. À tort.

« Que veux-tu dire par ténèbres ? demanda-t-il.

— Cet endroit où tu te sens perdu et abandonné. »

Le visage de Mike se contracta nerveusement.

« Est-ce que je m'y trouve encore ? demanda-t-il. Francisco acquiesça.

4

Quel qu'ait été ce processus, il ne lui procurait manifestement aucun apaisement. Mike n'était pas rentré depuis deux heures qu'une agitation extrême le reprit. Il faisait les cent pas, puis saisit le téléphone et composa le numéro.

Une sonnerie. Deux. Trois.

Il appelait son ex-femme, Dolores. Lorsqu'elle décrocherait, il lui dirait :

« Je crois que Larry veille sur moi. Je ne suis pas soûl, je n'ai pas pété les plombs. J'ai ce sentiment et j'avais simplement envie de le partager avec quelqu'un. »

À la cinquième sonnerie, le répondeur se mit en marche. Mike laissa son message. Ce n'est pas tant que Dolores serait capable d'entendre ce qu'il avait à dire, mais elle était la seule personne de sa connaissance qui n'irait pas raconter qu'il avait perdu l'esprit. Dolores lui en voulait pour certaines choses, mais il était sûr de sa loyauté.

Et maintenant ?

Ces échanges sur la peur l'avaient bouleversé et il ne parvenait pas à se ressaisir. Il n'avait pas d'appétit. Sa peau était froide. Se retrouver seul n'arrangeait pas non plus les choses.

Mike saisit ses clés de voiture. L'instant d'après, il était en bas dans le garage, à choisir entre le 4 × 4 et sa vieille Porsche crème biplace à l'intérieur en cuir rouge. C'était la première folie à laquelle il avait cédé une fois la certitude acquise que son succès n'était pas un mirage. Il opta pour la Porsche et sortit du garage en marche arrière.

Il y avait un endroit où il pouvait aller. Un endroit où il était le roi et où la peur n'avait aucun lieu d'être.

*
* *

Des têtes se retournèrent sur son passage quand Mike pénétra dans un bar miteux de North Hollywood. Le panneau publicitaire vantant de la bière accroché dans la devanture était vieux de trente ans et faisait bien son âge. Une boule à facettes disco éclairait misérablement une piste de danse désertée.

Mike avait à peine fait deux pas que le propriétaire se précipita à sa rencontre.

« Mike, c'est bien toi ? Je n'arrive pas à y croire !

— Salut, Sol. Tu fais toujours tes soirées « scène ouverte aux amateurs » ?

— Bien sûr ! Tous les vendredis. Tu t'en souviens ? Ça doit bien faire quinze ans. »

Sol était un figurant à la retraite qui avait été souvent sollicité aux heures glorieuses d'Hollywood, quand les films étaient des films.

« Regarde-moi un peu ce visage, disait-il. Je peux jouer des Italiens, des juifs, des indiens. Y a qu'à demander. Un jour, on m'a même proposé de jouer Géronimo. C'est le nez. La caméra est dingue de mon nez !

— Tu te souviens de ma première blague ? », demanda Mike. Il récita :

« Comment appelle-t-on le Comte Dracula ? Mon saigneur. »

Sol hocha la tête et éclata de rire.

— Ouais. T'as fait un carton cette nuit-là. »

Mais ce fut de courte durée. Mike, dans son jean déchiré et un tee-shirt des Grateful Dead, dix-neuf ans à l'époque, venait de lâcher ses études. Il ne savait pas grand-chose, mais il était persuadé au fond de lui qu'il pouvait faire rire. Il avait vu une publicité dans un journal gratuit pour les soirées « scène ouverte » le vendredi soir dans un bouge de North Hollywood. Il s'avéra que ces soirées drainaient une cohorte d'humoristes amateurs. Et Mike.

Mike regarda autour de lui. Environ un tiers des tables était occupé ce soir-là.

« Et si je faisais un sketch court ce soir ? », demanda Mike.

Le visage de Sol s'assombrit.

— On n'est pas vendredi, Mike. C'est mort, ce soir. Tu aurais dû me prévenir. »

Puis Sol prit conscience que l'un des plus grands humoristes actuels se trouvait dans son bar. Il cria au barman de servir à Mike tout ce qu'il voudrait, puis disparut. Il revint au bout d'une minute avec un micro et un trépied. Mike s'en empara et se dirigea à l'autre extrémité de la pièce. Il tapota sur le micro. Les clients levèrent la tête. Puis apprécièrent le comique de la situation.

« Les gars, je souhaiterais dédier ce numéro à Sol, qui m'a mis le pied à l'étrier. »

Pendant son numéro, Mike se fit photographier sous tous les angles par les spectateurs munis de leur téléphone portable qui s'empressaient de prévenir leurs amis. Mike en était à sa sixième blague lorsque de nouveaux visages commencèrent à apparaître dans l'assistance. Une demi-heure plus tard, le bar était bondé. Les rires fusaient de toute part. Mike fit un tabac.

Mike savait qu'il n'était là ce soir-là que pour se changer les idées, mais au moins, cette stratégie était efficace. Il se sentait en super forme, les bons mots coulaient de sa bouche comme du miel. Il faillit inclure les deux gros chiens de garde dans l'un de ses sketchs, puis se ravisa et improvisa sur la religion.

« Pourquoi les chrétiens se bouchent-ils les oreilles en entrant dans l'église ? Parce que Jésus crie ! »

Il était tellement parti sur sa lancée qu'il aurait pu raconter ses blagues en Ourdou sans que personne n'y trouve à redire.

« Mon grand-père était l'homme le plus religieux que j'ai connu. Il disait que si Dieu avait voulu que l'homme puisse voler, il nous aurait donné des billets. »

Cette blague datait de ces années de fac. Mike semblait pouvoir puiser à loisir dans sa mémoire. Son esprit l'alimentait en blagues avec une telle rapidité que ses lèvres peinaient à tenir le rythme.

« Quelle est la différence entre un train et un politicien ? Quand le train déraille, ça le stoppe. »

« Le problème des intégristes, c'est que 99 % d'entre eux donnent mauvaise réputation aux autres. »

Mais même les meilleures choses ont une fin. Il voulait terminer par une histoire qui susciterait des « Whaouh !!! » dans toute la salle.

« Enfant, j'allais dans une école catholique. Un jour, je faisais la queue à la cantine. Il y avait ce tas énorme de pommes. La bonne sœur responsable de la cantine agita un doigt menaçant.

— Une par personne, c'est tout. Dieu vous surveille.

Je pris une pomme et continuai d'avancer dans la file, jusqu'à ce que j'arrive devant une immense pile de biscuits au chocolat. J'étais en proie à de vives hésitations.

— Psst, murmura le gamin derrière moi. Tu peux prendre tout ce que tu veux. Dieu surveille les pommes ! »

Mike eut ses « Whaouh !!! ». Et un tonnerre d'applaudissements.

Lorsqu'il descendit de scène, Sol se précipita à sa rencontre et l'embrassa, les larmes aux yeux. Ils s'installèrent au bar, tandis que la foule se pressait autour de Mike pour des autographes. Personne ne voulait partir sans lui avoir offert un verre.

Francisco était à des années lumière.

Ça aurait pu être une soirée parfaite, si ce n'est qu'en retournant à sa voiture, Mike trouva une amende sur son pare-brise. Il n'en croyait pas ses yeux et commença à fulminer. Quel idiot de flic pouvait-il bien distribuer des contraventions après minuit ?

Cependant, lorsqu'il avança la main pour saisir l'amende, il se rendit compte qu'il s'agissait d'un morceau de papier blanc replié. En l'ouvrant, Mike fut parcouru d'un frisson.

Je garde ton secret si tu en paies le prix,
Je cesserai mes faveurs si tu te dédis.
Un juste prix, ne trouves-tu pas, pour ma protection ?
La vie est si vide quand rien ne va à ta façon.

Qui suis-je ?

Mike froissa le message en boule et le jeta avec violence. Il avait envie de vomir. Francisco l'observait. En outre, cette seconde énigme avait visiblement pour objectif de le blesser. Pourquoi sinon faire allusion à du chantage ?

*
* *

L'énigme tint Mike éveillé cette nuit-là. Il était encore couché à dix heures le lendemain matin quand il reçut un appel de Dolores.

« Tu es sûr que ça va ? Tu m'as laissé un message si bizarre, dit-elle.

— Tu me connais, répondit Mike. Ça va toujours. »

Dolores éclata de rire.

« Oui, je te connais. C'est pourquoi je te rappelle. »

Il ne s'agissait pas d'une pique à son attention. Lors de leur première rencontre, Dolores s'était immédiatement sentie attirée par Mike. À l'époque, il commençait à jouir d'une certaine popularité, qui lui conférait une certaine assurance auprès des jolies femmes. Auparavant, il aurait considéré qu'une grande brune élancée ne faisait pas partie de sa catégorie. Dolores avait toujours apprécié l'audace de Mike pendant le temps où ils avaient été ensemble et très longtemps après.

« Qu'est-ce qui te fait croire que Larry veille sur toi depuis le ciel ? demanda-t-elle.

— Je ne sais pas trop, répondit Mike sur un ton évasif. Je me sentais un peu bizarre. Peut-être à cause de la façon dont il est mort, tout seul, sans personne. »

Dolores avait appris la mort du père de Mike, mais elle habitait le Connecticut désormais. Elle n'avait pu se libérer pour les obsèques.

« Mike, je n'ai pas envie de me lancer dans un grand débat avec toi, dit-elle. Mais tu ne crois pas même à une vie après la mort. Tu ne vas pas à l'église. Tu es l'exemple même du type qui pense "La vie, c'est nul et après on meurt." Si tu penses que Larry veille sur toi, c'est que quelque chose a dû se passer.

— Pas vraiment.

— Tu es sûr ?

— Bon, d'accord. Mike prit une profonde respiration. Je crois que Larry m'a contacté après sa mort. Il avait un message pour moi.

— Tu es sérieux ?

— Tu crois que je débloque ?

— C'est possible. »

Dolores parlait d'un ton égal, comme si la situation pouvait pencher dans un sens ou dans l'autre. Elle avait toujours été extrêmement raisonnable.

« C'était quoi, ce message ?

— Dieu rit. Les anges rient. »

Silence. Mike n'avait pas la moindre idée des pensées qui lui traversaient l'esprit.

« Qu'est-ce que cela signifie ? finit-elle par demander.

— Cela signifie que tout est OK. Larry veut faire savoir à l'humanité que nous nous inquiétons trop.

— Gentille attention. Mais depuis quand le fait de mourir rend-il intelligent ? »

Dolores se montrait-elle raisonnable ou essayait-elle de faire de l'humour ? Mike avait envie de changer de sujet. Mais maintenant qu'il s'était ouvert à quelqu'un, il ne pouvait plus s'arrêter.

« Larry m'a vraiment agacé, ajouta-t-il. Ce que je veux dire, c'est que Dieu a toujours été un fieffé salaud. Je m'en suis rendu compte quand j'étais gosse. Peut-être n'est-il pas responsable de toutes les choses terribles de ce monde, mais il ne lève pas le petit doigt.

— Je ne vois pas les choses de cette façon, répondit Dolores. Non que mon point de vue ne t'ait jamais vraiment intéressé. »

C'était juste. Mike n'avait jamais pensé qu'elle était particulièrement portée sur les questions religieuses.

« Et c'est quoi ta façon de voir ? demanda-t-il.

— Ça ne t'intéresse pas vraiment.

— Si. J'essaie justement de te dire que je réfléchis sérieusement à toutes ces questions. »

Quelque chose dans sa voix – une touche de candeur, une pointe inhabituelle de vulnérabilité – incita Dolores à poursuivre.

« Je crois que le monde avait une chance d'être parfait, mais que nous avons tout foutu en l'air. Nous avons hérité de toutes les conneries de nos erreurs passées. Nous en avons accumulé tellement qu'elles nous bouchent la vue. À nous maintenant d'en assumer les conséquences. Qui a commis le crime doit payer les pots cassés. »

Mike était consterné.

« Je ne me doutais pas que tu étais si pessimiste, déclara-t-il.

— Je ne le suis pas. Je suis réaliste. Je ne crois plus à Adam et Ève depuis l'âge de seize ans ni ne rejette aucune responsabilité sur le diable. À quoi bon de toute façon ? Un monde inexorablement déchu se serait déjà écrasé au sol depuis longtemps. Nous sommes toujours en train de chuter. Mais pour une raison obscure, je continue de penser qu'il nous reste peut-être une petite lueur de chance.

— Tu le crois vraiment ? »

Il pouvait sentir son hésitation à l'autre bout du fil.

« Mike, je ne suis pas à l'aise de parler de tout cela avec toi.

— Pourquoi ?

— Tu tiens vraiment à le savoir ?

— Absolument. »

Dolores avait pris un ton très solennel.

« Tu es un humoriste et les humoristes sont généralement sans pitié. Tu donnerais tout pour faire rire. Je ne sais jamais quand tu saisiras la prochaine occasion de te moquer de moi. Alors il y a longtemps que j'ai décidé de garder pour moi ce qui me tenait à cœur au plus profond de moi. »

Mike voulut lui rappeler les quelques années idylliques qu'ils avaient vécues ensemble. Mais avant même qu'il ouvrît la bouche, il lui revint en mémoire Dolores refermant précipitamment son journal intime à l'instant même où elle le voyait entrer dans la pièce ; Dolores faisant un don de mille dollars à l'orphelinat de Mère Teresa en Inde et lui ne se privant pas de lui rappeler que cet argent était à lui ; Dolores parlant de la Kabbale et l'expression de son visage alors qu'il la taquinait à ce propos devant leurs amis.

« J'ignorais tout ça, dit-il d'une voix faible.

— Tout ça, c'est du passé, Mike. Peu importe. » Son ton s'adoucit. « On dirait que tu es aux prises avec des questions difficiles. Peut-être es-tu même en train de changer, Mike. »

Ils poursuivirent leur conversation quelques minutes encore. Puis Dolores raccrocha et Mike se rassit. Il aurait pu sombrer dans une profonde dépression ici et maintenant, mais on sonna à la porte. Il se leva d'un bond pour ouvrir, heureux de la distraction ainsi procurée. Lorsqu'il ouvrit la porte, il trouva Francisco sur le seuil.

« Tu as l'air en état de choc », remarqua Francisco. Il entra sans y avoir été invité.

« Mon ex, murmura Mike.

— Elle a toujours su lire en toi. Ce qui était une bonne chose, même si tu n'étais pas de cet avis. »

Le ton de Francisco était naturel ; il n'attendait pas de réponse.

« Tu as la seconde énigme ?

— Je l'ai jetée. Ça m'a énervé. » Francisco haussa les épaules.

« J'en ai une copie. Alors comme cela, tu t'es senti blessé ?

— On aurait dit une sorte de chantage. Quel autre effet cela aurait-il bien pu me faire ?

— Cela dépend entièrement de toi. »

Francisco sortit un morceau de papier de la poche de son pantalon. Il était toujours vêtu de son éternel pantalon de treillis et de sa non moins sempiternelle chemise de travail bleue. Sa tenue lui conférait un air austère, un peu à la manière d'un moine qui aurait enlevé sa soutane.

Il lut à haute voix.

Je garde ton secret si tu en paies le prix,
Je cesserai mes faveurs si tu te dédis.

Francisco leva la tête.

« Ton secret est que tu penses que tu es un nul, un moins que rien. »

Il reprit sa lecture.

Un juste prix, ne trouves-tu pas, pour ma protection ?

La vie est si vide quand rien ne va à ta façon.

Qui suis-je ?

« Dans ce cas précis, la protection n'est pas du chantage, déclara Francisco. Ce sont tes défenses, les murs derrière lesquels tu t'abrites.

— Je ne me fais pas l'effet d'être très bien protégé en ce moment même », grommela Mike.

Il était encore sous le coup des paroles de Dolores et Francisco revenait à la charge. L'homme à la haute stature replia le morceau de papier contenant l'énigme et le tendit à Mike.

« J'ai écrit la réponse au dos, au cas où tu serais intéressé. »

Mike retourna le papier et lu un seul mot : *Ego*.

« Je ne pige pas, dit-il. Mais sortons d'ici avant que tu ne te lances dans des explications.

— Parfait. Il y a justement un endroit où j'ai envie de t'amener », répondit Francisco.

Mike ne prétendit pas se réjouir de la nouvelle, mais escorta néanmoins Francisco jusqu'au garage. Peu après, ils étaient dans le 4 × 4, filant vers l'autoroute de la côte.

« L'énigme d'hier avait pour sujet la peur ; celle d'aujourd'hui, l'ego, dit Francisco. Demande-toi pourquoi les gens choisissent de ressentir de la peur. La peur donne au monde l'apparence d'un endroit effrayant et dangereux. S'il s'agit seulement d'une illusion, pourquoi s'y accrocher ?

— Je ne sais pas. »

Francisco tapota la poche de chemise où Mike avait placé le morceau de papier.

« L'ego. Ton ego te fait croire que les choses sont sous ton contrôle, que tu auras ce que tu veux. Au bout d'un certain temps, la peur est chassée de ton esprit. Tu as une image à préserver, après tout. Tu as besoin des autres pour croire en toi. Argent, statut, biens matériels, famille : il te faut tout cela. Tant que ton ego brandit la carotte et s'ingénie à créer des rebondissements dans ta vie, tu n'as pas à faire face à ce qui se trouve sous la surface.

— Tout le monde n'a pas un ego démesuré », protesta Mike.

Il supposait que Francisco parlait de lui. Francisco fit non de la tête.

« Il ne s'agit pas d'ego démesuré. Il nous faut un exemple concret. L'endroit où nous allons nous le procurera. »

Les deux comparses gardèrent le silence pendant les kilomètres restants. Francisco demanda à Mike de quitter l'autoroute à Santa Monica et ils se garèrent sur un parking municipal. Ils se rendirent ensuite dans un centre commercial voisin.

« Voilà ce que tu vas faire, dit Francisco. Je veux que tu accostes les gens et que tu leur racontes une blague. C'est ta spécialité ; tu ne devrais pas rencontrer trop de difficultés.

— C'est tout ? demanda Mike sur un ton sec.

— C'est tout. »

Mike ne manifesta aucune résistance. Il remarqua une femme, la trentaine, arborant de luxueuses lunettes de soleil. Elle regardait les vitrines et paraissait d'un abord facile. Mike s'avança vers elle.

« Excusez-moi, dit-il. Aujourd'hui, je raconte gratuitement des histoires drôles pour remonter le moral aux gens. Vous voulez en entendre une ? »

Légèrement déconcertée, la femme répondit tout de même par l'affirmative.

Mike laissa son esprit vagabonder et choisir pour lui.

« Un homme se rend chez son médecin pour un toucher rectal. Le docteur lui dit : "C'est bizarre, mais vous avez une fraise dans le cul. Mais ne vous en faites pas, j'ai de la chantilly." »

La femme aux lunettes de soleil grimaça.

« C'est grossier », dit-elle. Elle commença à battre en retraite.

« Attendez », dit Mike, mais elle avait fait demi-tour et traversé rapidement la rue. Mike était abasourdi. Cette blague était totalement nulle. Pourquoi lui était-elle venue à l'esprit ?

L'observant, à cinq mètres de là, Francisco l'encouragea d'un signe de tête.

« Essaie avec quelqu'un d'autre. »

Mike regarda autour de lui. Un couple âgé s'avança dans sa direction. Ils avaient l'air décontractés, alors il s'approcha.

« J'aimerais vous raconter une histoire drôle », dit-il.

Le couple paraissait troublé.

« C'est pour la télé ? demanda la femme, regardant tout autour.

— Non, pourquoi ?

— Nous savons qui vous êtes. Vous êtes célèbre, dit l'homme. Pourquoi nous parler ? »

Mike se sentit en confiance.

« Tout va bien. J'ai juste envie de raconter une histoire drôle, répondit-il. Je vous signerai volontiers un autographe après. »

Désormais, la femme souriait, rassurée.

« Quel honneur ! », s'exclama-t-elle.

Elle commença à farfouiller dans son sac pour trouver du papier et un stylo.

« Super. J'en ai une rien que pour vous. Que fait un crocodile mâle lorsqu'il rencontre un crocodile femelle ? Il l'accoste. »

Le couple avait commencé à sourire par anticipation. Maintenant, les sourires avaient laissé la place à une déception teintée de gêne.

« Attendez, ajouta Mike avec précipitation. C'était simplement un essai. »

Le couple sembla reprendre espoir. Mike sentait la sueur mouiller ses aisselles. Il compulsa sa base de données mentale.

Qu'est-ce qui est vert et qui devient rouge lorsqu'on appuie sur un bouton ? Une grenouille dans un mixeur.

Qu'est ce qui fait IZB IZB IZB ? Une abeille qui vole à reculons.

Quel est le pluriel d'un coca ? Des haltères (parce qu'un coca désaltère).

D'où venaient toutes ces blagues pathétiques ?

« Attendez, attendez », répéta Mike. Il se força à réfléchir.

Pourquoi les chats n'aiment pas l'eau ? Parce que dans l'eau, minet râle.

Pourquoi les maisons en Angleterre ne sont-elles pas solides ? Parce qu'elles sont en glaise.

Mike se sentait comme hébété. Il vit que la femme lui tendait un stylo et du papier.

« Ce n'est pas grave, dit-elle. Votre autographe sera amplement suffisant.

— Non, non !, s'exclama Mike. J'en ai une maintenant, une vraiment bonne. »

Il ressentit un immense soulagement. Quel que soit le tour que lui avait joué son esprit, les choses étaient désormais rentrées dans l'ordre.

« Pourquoi les éléphants sont-ils gris ? Pour qu'on ne les confonde pas avec des fraises des bois. »

La colère semblait gagner l'homme.

« Vous avez un micro caché quelque part. Vous essayez de nous faire passer pour des imbéciles.

— Pas du tout », répondit Mike, saisi de panique.

L'homme lui coupa la parole.

« Si, si, je l'ai vu à la télé. Merci bien, mais nous ne sommes pas intéressés. »

Il saisit sa femme par le bras et l'entraîna. Elle jeta à Mike un dernier regard par-dessus son épaule. Mike y lut de la pitié.

Francisco s'était approché.

« Alors, tu t'es senti comment ? », demanda-t-il.

Furieux, Mike arpentait le trottoir.

« À ton avis ? Minable ! C'est toi qui m'as fait ça, pas vrai ? »

Francisco ouvrit ses mains dans un geste d'innocence.

« Je suis resté là sans rien faire. »

Mike avait envie de le réduire en miettes, mais il sentit une vague d'humiliation le submerger.

« C'était un vrai supplice, grommela-t-il. Une catastrophe. »

Son humour était son gagne-pain. Mike ferma les yeux et tenta de se ressaisir. Il savait exactement où trouver ses histoires drôles.

Quelle est la différence entre une Lada et les Témoins de Jéhovah ? Avec les Témoins de Jéhovah, on peut fermer la porte.

Comment appelle-t-on une gousse d'ail qu'on jette contre un mur et qui revient ? C'est le retour du jet d'ail.

Mon Dieu ! Il était pris d'une véritable nausée.

« Ressaisis-toi », lui dit Francisco.

Mike lui lança un regard. Francisco ne semblait pas rire à ses dépens. Il prit de profondes inspirations jusqu'à ce que le sentiment de nager en plein cauchemar commence à se dissiper quelque peu.

« Qu'essayais-tu de m'apprendre ? demanda-t-il.

— Ton ego n'est satisfait que lorsque tu es brillant. Tu te sens vivant lorsque les choses marchent pour toi. Je voulais que tu sentes ce que cela faisait de faire un bide.

— Ça ne m'intéresse pas de faire un bide !, protesta Mike.

— Je le sais. L'énigm le dit bien. »

Francisco en récita de nouveau les deux derniers vers.

Un juste prix, ne trouves-tu pas, pour ma protection ?
La vie est si vide quand rien ne va à ta façon.

« Ton ego t'a piégé dans une sorte de cercle vicieux, expliqua-t-il. Il te donne ce que tu veux, il te fait passer d'un désir à l'autre. Mais dans ce jeu, tu es comme dans un bateau qui prend l'eau. Tu restes à flot si tu arrives à écoper plus vite que la quantité d'eau qui pénètre. Et c'est ainsi de la naissance à la mort. Tous les jours, quelque chose d'autre à convoiter. Plus tu en as, plus tu en veux. Ton idée de la réussite est un flot infini de gens qui t'aiment.

— Et alors ?

— Alors Dieu te demande d'arrêter de jouer au jeu de l'ego. Ensuite ? La terreur s'emparera de toi. Ton esprit arrêtera de s'emballer. Une voix s'élèvera des profondeurs pour venir te murmurer à l'oreille : "Tout le monde se fout de qui tu es. Tu n'es rien."

— C'est peut-être vrai que je ne suis rien, répondit Mike d'un ton morne. Tu m'as vu à l'œuvre à l'instant.

— C'est ta vérité pour le moment. Mais il en existe une autre. Une meilleure.

— Je t'écoute.

— Tu n'es pas rien. En fait, tu es tout. Au premier sens du terme. Si tu parvenais à cesser de vouloir briller tout le temps, ton être se déploierait jusqu'à emplir tout l'univers. Je sais que cela paraît incroyable. Tu es prêt pour une autre démonstration ? »

Mike acquiesça. Ils sortirent du centre commercial. Au bout de quelques instants, Mike ajouta :

« J'ai dit à mon ex-femme que je commençais à me poser des questions.

— Est-ce qu'elle t'a cru ?

— Elle semblait d'avis qu'il me restait un long chemin à parcourir.

— Ne t'attends pas à ce quelqu'un d'autre puisse savoir ce qu'il se passe à l'intérieur de toi, le mit en garde Francisco. Ce processus est privé et pourtant il se déroule chaque fois à l'identique.

— À savoir ?

— Quand la souffrance à rester le même devient plus forte que celle à être différent, on change. »

Francisco sourit et, l'espace d'un bref instant, Mike put voir un visage derrière celui de l'inconnu : Larry. Son père continuait de veiller sur lui. Il n'était pas encore au paradis. « Ils » lui permettaient de rester en contact avec son fiston un peu plus longtemps.

Cette vision de Larry s'évanouit l'instant d'après. Francisco retournait vers le parking. Mike s'installa derrière le volant.

« Où allons-nous maintenant ? demanda-t-il.

— Dans un magasin spécialisé, une boutique pour femmes.

— Pourquoi ne l'as-tu pas dit plus tôt ? demanda Mike. Les boutiques pour femmes, ce n'est pas ce qui manque dans le coin. »

Francisco hocha la tête.

« Peut-être. Mais il n'y a pas ma taille. »

Mike cessa de poser des questions. Il tourna la clé de contact. Son gros 4 × 4 rugit à la vie.

5

Mike avait une vague idée de l'endroit où il pourrait trouver un magasin de vêtements féminins grande taille, mais il avait autre chose à l'esprit.

« Est-ce que je retrouverai un jour mon talent ? demanda Mike.

— Nous verrons, répondit Francisco. Pour le moment, tu te reposes d'être Mike Fellows.

— Mais c'est comme ça que je gagne ma vie », rétorqua Mike. Il essayait de dissimuler la pointe de panique dans sa voix.

« Certes, mais ce n'est qu'un rôle que tu as endossé. Tout va bien tant que tu te sais que tu joues un rôle. Le vrai toi n'est pas à chercher parmi différents rôles. »

La voiture s'arrêta à un feu à un croisement fréquenté de Santa Monica Boulevard. Francisco désigna une demi-douzaine de piétons sur le trottoir.

« Ces personnes sont aussi piégées que toi dans leurs rôles. »

Il montrait un adolescent attendant pour traverser, un skateboard sous le bras, aux côtés d'un homme d'âge mûr en complet sombre.

« Ce gamin pense qu'il est un rebelle. Il considère l'homme d'affaires comme un vendu. Pour cet homme en revanche, cet adolescent n'est qu'un fainéant irresponsable qui refuse de grandir. Tout ceci n'est qu'une histoire d'ego. L'ego a besoin de se sentir supérieur. En réalité, ces deux personnes sont sur un même pied d'égalité. »

Le feu passa au vert pour les piétons, qui descendirent alors du trottoir et traversèrent devant la voiture de Mike.

« Je veux que tu les voies sur ce même pied d'égalité, ajouta Francisco. Cela changerait tout. »

Il jeta un coup d'œil à Mike.

« Tu ne me crois pas.

— Tout ce que je vois, c'est un groupe d'inconnus. Qui n'ont probablement rien en commun.

— Ce sont tous des âmes, répondit Francisco. À mes yeux, rien d'autre n'a d'importance. Soit tu es une personne qui se demande si elle a une âme, soit tu es une âme qui sait qu'être une personne n'a aucune réalité. »

Mike regarda l'adolescent s'élancer sur son skateboard. Il surprit les regards noirs dirigés contre lui lorsqu'il rasait d'un peu trop près les autres passants. L'adolescent, perdu dans son propre monde, ne les perçut pas. Avant d'atteindre le côté opposé de la rue, il modifia sa trajectoire et coupa une voie de circulation, initiative ponctuée par de stridents coups de klaxon, puis obliqua de nouveau et sauta sur le trottoir.

« Ces voitures ne klaxonnent pas après une âme, souligna Mike.

— Tu réagis ainsi car tu marches au jeu de rôles qui satisfait ton ego. Il a beaucoup investi dans l'image que tu as de toi. Tout, en fait. »

Le feu passa au vert ; Mike redémarra le 4 × 4.

« Je ne veux pas être semblable aux autres, dit-il. Pour toi, c'est de l'ego. À mes yeux, c'est être moi. En quoi est-ce un problème ? »

Sur le moment, Francisco ne donna aucune explication. Il portait son attention aux vitrines des boutiques le long de la rue.

« Il y a une supérette ici. Arrête-toi, demanda-t-il.

— Je croyais que tu cherchais une boutique de vêtements », répondit Mike. Néanmoins, il se glissa dans une place libre le long du trottoir.

« Il y a plus important pour l'instant », répondit Francisco. Il descendit de la voiture et conduisit Mike jusqu'à la porte du magasin.

« Ce que je veux, c'est que tu restes là et que tu ouvres la porte à toute personne qui souhaite entrer ou sortir, dit-il. Attire leur attention et lorsqu'ils te regardent, tends la main pour qu'on te fasse l'aumône d'une petite pièce.

— Quoi ? » Mike n'aurait pu imaginer pire chose à faire.

« Tu penses t'exposer de nouveau à une humiliation. Essaie de n'avoir aucune idée préconçue. Je reviens. »

Il s'éloigna et laissa Mike face à son épreuve. Les clients entraient et sortaient du magasin dans un flot continu, de sorte qu'il n'avait pas le temps de peser le pour et le contre. Il lâcha prise. Une femme noire d'un certain âge avançait en direction du magasin. Mike marcha d'un pas rapide pour la précéder et lui tenir la porte. Il eut un sourire nerveux. La femme fit un signe de tête et lui adressa un bref coup d'œil. Sans plus. Son absence de réaction fut un soulagement.

Trente secondes plus tard, deux adolescents sortirent du magasin. Lorsque Mike leur tint la porte, ils firent une grimace et s'éloignèrent sans se retourner. Un livreur gara sa camionnette en double file et se précipita dans la supérette. Mike le regarda acheter des biscuits et un Coca-cola, sans cesser de surveiller son véhicule du coin de l'œil. Il sortit en hâte sans jeter un regard à Mike.

À peine cinq minutes s'étaient écoulées et Mike commençait à se calmer. Il n'avait pas fait autant d'efforts pour se retrouver à faire la manche. Tenir la porte n'était rien d'autre qu'une manifestation spontanée de courtoisie, un peu étrange, certes, mais qui ne s'apparentait nullement au désagrément suscité par la mendicité.

Vas-tu le faire oui ou non ? se demanda-t-il.

Une femme approchait, qui semblait mieux vêtue que la plupart. Elle parlait dans son téléphone portable. En ouvrant la porte, Mike tendit la main. Elle le regarda de haut.

« Trouvez-vous un travail. »

Le fait qu'elle avait interrompu sa conversation pour l'admonester, ainsi que son ton rageur, fit rougir Mike. Il faillit s'enfuir, mais deux autres personnes arrivaient rapidement. Mike ouvrit la porte et tendit la main. Le couple éclata de rire et passa devant lui. L'espace d'une seconde, il pensa qu'ils l'avaient reconnu. Sûrement : ils étaient tombés sur un humoriste célèbre qui leur faisait une sorte de farce. Cependant, une minute après, en ressortant, l'homme lui tendit une pièce.

« Vous n'avez pas l'air d'en avoir besoin, dit-il. J'espère que ce n'est pas pour de la drogue. »

L'homme lui adressa un regard extrêmement sérieux, puis le couple s'éloigna. Soudain, Mike pigea. Pas une seule personne ne l'avait reconnu ; dès lors, Francisco devait avoir raison. C'était comme être en vacances d'être Mike Fellows. Cette pensée s'insinua davantage en lui tandis qu'il continuait de tenir la porte. Des gens entrèrent et sortirent. Certains se montrèrent hostiles ; la plupart étaient indifférents. On lui donna une autre pièce de vingt-cinq cents, deux pièces de dix cents et quatre cents. Personne ne le reconnut.

Mike commença à éprouver un étrange sentiment de libération intérieure. Au bout d'une demi-heure, il cessa de se soucier des réactions des clients. Il se transforma en observateur impartial, témoin de la parade qui se déroulait devant lui. L'expérience était nouvelle pour lui. Il s'amusait des regards occasionnels jetés par les clients à ses chaussures italiennes – faites sur mesure, elles coûtaient une fortune – et de leur air perplexe face à un mendiant en chaussures de luxe. Un homme noir aux cheveux grisonnant lui jeta un regard empreint d'une profonde amertume, comme si Mike lui avait volé son travail. Une femme qui descendit d'une Jaguar le toisa des pieds à la tête, le jaugeant peut-être comme elle l'aurait fait d'un flirt potentiel.

« Dans le monde mais sans en faire partie. »

Mike se retourna en entendant la voix de Francisco.

« Je crois que tu as raison, dit-il. C'est comme si j'étais transparent. Personne ne se soucie de moi. C'est ça que tu voulais que je ressente ?

— Quelque chose comme ça. »

Francisco portait un sac de courses, comme le remarqua Mike avant de se retourner pour ouvrir la porte à une dame âgée sortant accompagnée de son teckel.

« Gentil chien, dit-il. Vous avez une petite pièce ?

La dame âgée prit un air renfrogné : « Sale type. »

Mike sourit à Francisco.

« Ce n'est pas super ? Même quand ils me jettent des pierres, je ne le sens pas.

— Fini de jouer. Allons manger. »

Quand ils retournèrent à la voiture, Francisco jeta son sac sur le siège arrière. Une fois Mike installé, il demanda :

« Combien de temps t'a-t-il fallu avant de cesser de te sentir humilié ?

— Pas longtemps. Un quart d'heure, répondit Mike.

— Félicitations. »

Francisco semblait véritablement satisfait. En fait, tous les deux étaient d'excellente humeur. Pendant deux jours, Mike s'était senti manipulé. Un inconnu s'était imposé à lui comme quelqu'un aux capacités aussi magiques que mystérieuses. Mike était depuis trop longtemps dans le show-business pour croire à la magie, ce qui l'avait conduit, dans le même ordre d'idée, à rejeter le mystère. Pourtant, les deux venaient de s'immiscer dans sa vie.

Ces pensées lui vinrent à l'esprit.

« Quand tu m'as abordé sur la plage, dit-il, tu n'avais pas une grande opinion de moi, pas vrai ?

— J'ai senti un potentiel en toi, répondit Francisco.

— Tu ne réponds pas à ma question.

— Pour moi, tu n'étais qu'une personne.

— Ce qui, dans ton système, veut dire que j'étais un zéro. Mike se surprit à éclater de rire. J'ai essayé toute ma vie d'être quelqu'un.

— Est-ce que tu t'es senti quelqu'un là-bas ? demanda Francisco.

— Non. J'étais en vacances, comme tu l'as dit. Et j'ai aimé. C'est ce que je n'arrive pas à comprendre.

— Tu commences à te rendre compte des tours que te joue ton ego. En fait, on ressent une profonde détente à sortir des constantes exigences du « Je, moi et à moi ». On respire plus librement, répondit Francisco.

— Le grand secret serait alors d'être un zéro tout le temps, demanda Mike.

— Les choses ne sont pas aussi simples. Les zéros eux aussi ont des ego. Le leur est en miettes, alors que le tien est déchaîné. »

Mike aurait pu se sentir blessé, mais cette remarque lui tira simplement un sourire.

« Je suis heureux que tu sois là pour t'occuper de moi. »

Il eut le sentiment que cette remarque ne convenait pas vraiment à Francisco, assis calmement à ses côtés, qui regardait par la vitre passager. Ce dernier répondit simplement :

« Raconte-moi une blague.

— Je ne peux pas, répondit Mike. Tu m'as fait quelque chose au cerveau.

— Essaie quand même. »

Réticent, Mike tenta d'entrer en contact avec l'endroit où il trouvait ses histoires drôles, endroit qui paraissait étrangement vide maintenant. Néanmoins, une histoire lui vint à l'esprit.

Un magicien maléfique enlève une belle princesse et la retient prisonnière dans une tour. Elle supplie son geôlier de la libérer. Le magicien répond : « Je laisserai un prince venir te sauver, mais à une condition. »

Il désigne la toile grossière servant de couche à son chien. « Tu devras faire une robe de cette toile et la porter nuit et jour. »

La princesse obtempère. Tous les jours, un nouveau prince se présente dans son armure rutilante jusqu'à sa tour, puis s'enfuit sur son destrier après un seul coup d'œil à la princesse.

La princesse est déconcertée.

« Qu'est-ce qui cloche chez moi ? demande-t-elle au magicien. Ne suis-je pas belle ? »

« Ce n'est pas ça, répond le magicien. Jamais les chevaliers ne sauveraient une damoiselle avec une serpillière sur le dos. »

« Pas terrible », constata Mike. Pourquoi n'en était-il pas plus affecté ? Une heure plus tôt, la perspective de devenir mauvais avait suscité chez lui une angoisse extrême. Maintenant, il éprouvait presque un soulagement.

« Qu'est-ce qu'il m'arrive ? demanda-t-il.

— Tu te trouves au seuil d'une porte, répondit Francisco. Derrière toi se trouve le monde que tu connais, un monde qui se dissimule devant la peur et qui obéit aux désirs de l'ego. Devant toi, c'est l'inconnu. La question est de savoir si tu vas passer le seuil.

— Est-ce que tu le sais ? demanda Mike.

— Oui.

— Dis-le moi.

— Je ne peux pas. Mais je peux te laisser jeter un œil de l'autre côté de la porte. Arrête la voiture », dit Francisco.

Mike s'arrêta dans une rue latérale bordée de bungalows et de palmiers. S'il avait entrepris un voyage spirituel – ce qui, indéniablement, semblait être le cas – ce voyage nécessitait de nombreux déplacements en voiture.

Francisco orienta le rétroviseur vers Mike.

« Regarde-toi, demanda-t-il. Je veux que tu regardes ce qu'il y a dans le miroir. Ne pars pas du principe que tu le sais déjà.

— Mais c'est le cas, répondit Mike.
— Non, il y a quelqu'un dont tu n'as pas encore fait la connaissance. Il se trouve de l'autre côté de la porte. »

Mike regarda son reflet. Francisco poursuivit.

« Vois quelqu'un qui n'est ni drôle, ni riche ni célèbre. Oublie que tu connais son nom.
— Ça ne marche pas, dit Mike.
— Concentre-toi sur les yeux. »

Le rétroviseur était si étroit que si Mike s'en approchait suffisamment, il ne voyait que ses yeux. Il n'avait jamais pensé outre mesure à ses yeux. Les femmes lui avaient dit qu'ils étaient grands. Quand il était sur scène, il avait l'impression qu'ils étincelaient.

Ce n'était pas le cas en cet instant. Les yeux qui le regardaient semblaient dépourvus d'éclat. Comme des billes de marbre gris-bleu. Mike plissa les paupières, tentant de recréer cette étincelle enjouée. En vain. Il écarquilla les yeux afin de simuler la surprise. C'était étrange, mais quoi qu'il tente, personne n'était là. Derrière ses pupilles ne se trouvait que du vide. Du blanc.

Mike se redressa.

« Ça suffit.
— Qu'est-ce que tu as vu ? demanda Francisco.
— Rien. Est-ce qu'il est censé y avoir une bonne réponse ? répondit Mike, soudain nerveux.
— Peut-être « rien » est-il la bonne réponse. Il pourrait s'agir d'un autre nom pour l'inconnu. Je crois que tu as entraperçu un étranger. Essaie de ne pas chasser cette impression. C'est celui que tu étais censé rencontrer.
— Pourquoi ? Il n'a rien dit. Il ne m'a rien montré. »

Mike éprouvait de l'amertume. La matinée s'était bien déroulée. Il s'était senti bien après l'expérience du magasin, mais cette épreuve du miroir avait en quelque sorte tout gâché. S'il avait rencontré la personne qu'il devait rencontrer, nul doute que ce moment lui avait laissé un sentiment de creux.

Sans prévenir, son esprit se mit en route.

« Eh !, s'exclama-t-il. Un médecin indien, qui vient juste de s'installer en Amérique, est invité à une réception avec sa femme, qui ne parle pas anglais.

L'hôtesse s'approche de lui et lui demande :
— Avez-vous des enfants ?
— Oh, non, répond le médecin. Ma femme ne peut pas attendre.

L'hôtesse le regarde d'un air perplexe.

Le médecin indien commence à devenir nerveux.
— Ce que je veux dire, c'est qu'elle est un inconcevable.

Son hôtesse était désormais totalement déconcertée. De frustration, le médecin indien s'exclame :
— Vous ne comprenez pas ? Ma femme est inengros-sissable ! »

Mike rit à sa blague. En jetant un coup d'œil à Francisco, il vit que celui-ci riait aussi.

« Mes vacances sont terminées, n'est-ce pas ? », demanda-t-il. Francisco acquiesça.

Mike était de retour. Devait-il s'en réjouir ? À cet instant-là, il n'aurait su le dire.

*
* *

Lorsque Francisco avait proposé de déjeuner, Mike n'avait pas imaginé qu'il avait en tête le

Bel-Air Hotel. Mais ils y étaient arrivés maintenant, garant la voiture devant profusion de plantes vertes et de portiers en livrée tout aussi luxueux.

« Tu es sûr de ce que tu fais ? », demanda Mike. Un voiturier en uniforme s'approchait.

— Oui. Il y a juste une chose que je dois faire avant », répondit Francisco.

Le voiturier ouvrit la portière conducteur et tendit un ticket à Mike. Il le reconnut au premier coup d'œil.

« Soyez de nouveau le bienvenu chez nous, M. Fellows », murmura-t-il avec le ton agréable que l'on réserve généralement aux célébrités. Immédiatement après, il leva les sourcils.

Francisco avait pris le sac sur le siège arrière, l'avait ouvert et en avait extrait une boîte à chaussures. Il tenait maintenant une paire de talons aiguilles rouges. Ils étaient gigantesques.

« Tu n'as pas l'intention de porter ça, dit Mike.

— Seulement la droite. »

Calmement, en ignorant la surprise manifeste du portier, Francisco retira la sandale de plage qu'il portait au pied droit et enfila l'escarpin rouge à talon aiguille.

« C'est un peu serré, constata-t-il. Mais ça va aller. » Il replaça l'autre chaussure dans la boîte.

Mike était trop décontenancé pour articuler le moindre son. Francisco ouvrit sa portière et sortit. Il fit un pas et faillit tomber.

« Il va falloir que tu m'aides », annonça-t-il.

Mike fouilla dans sa poche, trouva un billet de vingt dollars et le flanqua dans la main du portier.

Celui-ci reprit sa contenance.

« Allez garer la voiture », dit Mike.

Lorsque la voiture eut disparu, Mike s'approcha de Francisco.

« Tu ne vas pas faire ça. Tu es ridicule. »

Francisco s'agrippa au bras de Mike et commença à s'avancer d'un pas chancelant vers la porte.

— Qu'est-ce que ça peut bien te faire ? dit-il. C'est moi qui le porte, ce talon aiguille. Tu devrais essayer un jour. »

Il était manifeste qu'il s'amusait. Mike baissa la tête, évitant les regards jetés par les deux portiers devant eux, qui, comme le voiturier, le gratifièrent d'un « Ravi de vous revoir chez nous, M. Fellows. »

Perché sur son talon aiguille unique qui le faisait boitiller, Francisco clopina jusqu'au restaurant, splendide antre de cristal.

« Une table au centre, dit-il au maître d'hôtel », qui, déconcerté, interrogea Mike du regard.

Mike acquiesça d'un air sombre. On les escorta jusqu'à une grande table visible de tous. L'apparition d'un homme élancé à la barbe en pointe chaussé d'un seul talon aiguille rouge pouvait difficilement passer inaperçue. Des gloussements se firent entendre.

Francisco grimaça en s'asseyant.

« Ça serre vraiment beaucoup. »

Il enleva la chaussure et la plaça sur une chaise vide à côté de lui. L'escarpin à talon aiguille rougeoyait comme un panneau stop. Les gloussements se firent plus sonores.

« Les gens rient, remarqua-t-il. Tu devrais peut-être ajouter ça à ton sketch.

— Il existe de bons rires et de mauvais rires », grogna Mike. Il repoussa d'un geste de la main le menu proposé par le serveur.

« Servez-moi seulement du poisson. Nous sommes pressés. »

Il remarqua que Francisco prenait le temps de lire le menu, qui comptait de nombreuses pages.

« N'en fais pas trop », dit-il d'une voix amère.

Francisco ignora sa remarque et commanda deux plats accompagnés d'un verre de Chardonnay.

« Tu aimes les bons rires et tu détestes les mauvais, c'est ça ? demanda-t-il après le départ du serveur.

— Tu as tout compris, aboya Mike.

— Ton ego essaie de reprendre des forces. Il te fait te sentir spécial et protégé. Mais que se passe-t-il en réalité ? Tu finis par éprouver un sentiment d'incroyable vulnérabilité. Il désigna les tables de la salle. De parfaits inconnus se moquent de toi et soudain toute la façade s'effondre. Il n'y a jamais eu aucune protection. Tu n'as jamais été en sécurité. »

Quand le serveur revint avec un plat de saumon à l'unilatérale, Mike avait perdu tout appétit.

« Tu as raison, je me sens vulnérable, admit-il. Mais tu me fais peur. À t'écouter, tout ce que j'ai construit pourrait s'effondrer. Qu'est-ce que je ferais alors ?

— Ce que tu fais n'est pas mal, répondit Francisco. Tu racontes des histoires drôles. Les blagues prennent les gens au dépourvu et les font rire. Ce n'est pas du vrai bonheur, mais cela a le mérite d'indiquer la direction.

— Qu'est-ce que c'est, le vrai bonheur ? demanda Mike.

— Ne faire qu'un avec son âme, répondit Francisco sans la moindre hésitation.

— D'accord, mais alors qu'est-ce qu'une âme ?

— Tout ce que l'ego n'est pas. »

Mike hocha la tête.

« Comment sais-tu tout ça ? »

Francisco avait l'air amusé.

« C'est ce que tu te demandes depuis un bon bout de temps ». Il se pencha vers lui et déclara avec une voix basse de conspirateur :

« Je vais te dire mon secret. Tu es prêt ? Je ne suis pas une personne.

— Quel secret est-ce ? demanda Mike.

— Un secret d'une importance énorme. Lorsque nous sommes entrés dans ce restaurant, j'ai joué l'imbécile. Les gens se sont mis à rire. Pour toi, il s'agissait d'un mauvais rire, parce que c'était une moquerie à mon encontre. Tu te sentais gêné du simple fait de m'accompagner. Tu t'es senti un parfait idiot par simple effet de proximité.

— Je n'y peux rien.

— Je le sais. Tu es une personne qui pense peut-être avoir une âme. Je suis une âme qui sait qu'elle endosse le rôle d'une personne. Ces gens ne se moquaient pas de moi. Elles riaient du numéro que je faisais. »

Cette explication faisait sens pour Mike.

« À la supérette, j'ai joué le rôle d'un mendiant. Je n'en suis pas véritablement un. Au bout d'un moment, j'ai réussi à me séparer du rôle.

— Tu vois ? », dit Francisco.

Le moral de Mike s'était amélioré et il put manger. La nourriture était délicieuse et ce temps lui donna l'espace pour penser. Au bout d'un moment, il dit :

« Alors comme ça, tu ne joues aucun rôle.

— Non, à moins que je le décide. Et quand je joue un rôle, je sais qu'il ne s'agit pas de mon moi véritable. Il observe, un peu impliqué, mais il reste principalement en retrait. »

Mike repensa aux personnes qui l'avaient insulté à la supérette. L'une d'elle l'avait traité de

« sale type » ; une autre lui avait dit de se trouver un travail. Ces mots ne l'avaient pas atteint et il comprenait désormais pourquoi. Il pouvait s'en détacher complètement. Le fait de jouer un rôle lui procurait un sentiment de sécurité lorsqu'il ne s'y identifiait pas.

« Je crois que le processus marche, dit-il. Mais je dois me montrer franc. Je ne sais toujours pas de quel processus il s'agit.

— Je vais te le montrer ici et maintenant », répondit Francisco. Devant lui se trouvaient deux verres, le premier rempli d'eau et le second de vin.

« J'avais une bonne raison de commander du vin blanc. Regarde. »

Il prit les deux verres et commença à transvaser lentement le contenu, jusqu'à mélanger totalement les deux liquides.

« Impossible de dire maintenant où se trouve l'eau et où se trouve le vin, dit-il. Comment faire pour les séparer de nouveau ? Comment faire pour avoir de nouveau un verre d'eau et un verre de vin ? »

Mike secoua la tête.

« C'est impossible.

— Exact. Mais c'est possible avec le processus. Ton âme et ton ego sont aussi intimement mêlés que ce vin et cette eau. C'est la raison pour laquelle les gens s'y trompent. Ils cheminent dans l'existence à la recherche de leur âme, alors que celle-ci est là tout le temps. Ils parlent de perdre leur âme, alors que c'est totalement impossible. Ils croient que leur âme ira au paradis après leur mort, mais l'âme est déjà partout. En d'autres termes, l'âme est un mystère. Elle ne peut ni être perdue ni trouvée. Elle n'est ni ici ni là. Elle t'appartient et pourtant elle appartient à Dieu. Sans un processus, il serait impossible d'accéder au fond des choses. »

Ces paroles firent une profonde impression sur Mike. De nouveau, il eut envie de saisir le bras de Francisco et de dire : « Qui es-tu ? » Francisco sourit devant l'air perplexe de Mike.

« Ne flippe pas comme ça. Je ne suis pas *Jésus 2 : Le retour*, ou tout ce que tu imagines que je suis. »

Ils terminèrent leur repas en silence. En sortant de l'hôtel pour regagner le service des voituriers, Mike se sentait différent. Aucun mot n'aurait pu décrire avec précision ce qui lui arrivait. Francisco suivit le cours de ses pensées.

« Tu cherches à nommer les choses, tu aimerais définir ce qui t'arrive et y accoler une étiquette, constata-t-il. Abstiens-toi. Ce processus n'a pas de nom. Il est invisible et pourtant tout-puissant. Il modifie tout ce que tu vois et tout ce que tu fais, pourtant rien de ce que tu dis ou fais n'en fait partie. »

Les mots que venaient de prononcer Francisco correspondaient à l'impression diffuse de Mike. Il flottait en plein cœur d'un mystère. Cependant, une fois remontés en voiture, alors qu'ils longeaient Sunset Boulevard en direction de la côte, Mike perdit cette sensation d'émerveillement. Elle était trop diffuse et éthérée pour être conservée. Là encore, Francisco surprit ses pensées.

« Tu ne peux posséder le processus, déclara-t-il. Tu ne peux pas plus t'y accrocher que tu ne peux retenir les embruns de l'océan. Le processus se déroule intégralement dans le présent. Il est là l'espace d'un instant et disparaît l'instant suivant.

Au fait, j'ai une blague pour toi. Une fillette va au restaurant avec ses parents. Le serveur attend

pendant qu'ils prennent connaissance du menu. La fillette dit :
— Je veux un hamburger.
La mère jette un coup d'œil au père.
— Que dirais-tu d'une salade grecque ?
— Parfait, répond-il.
— On prendra trois salades grecques, annonce alors la mère au serveur.
De retour à la cuisine, le serveur lance la commande :
— Deux salades grecques et un hamburger.
— Tu as vu, Maman, s'exclame la petite fille, il me croit réelle. Il pense que j'existe vraiment. »
Au bout d'un instant, Mike demanda :
« Alors comme ça, tu penses que j'existe vraiment, tu me crois réel ?
— Oui, même si toi tu ne le penses pas. »
Cette pensée procura un léger réconfort à Mike. Le soleil était chaud sur son visage. Le ciel était lumineux, dépourvu de nuage. Il avait aimé rire à la blague de Francisco et, l'espace d'un instant, fugace, il lui sembla que tout riait aussi autour de lui.

6

L'allégresse de Mike ne s'évanouit pas complètement pendant le trajet. Il se sentait comme étourdi et devait se concentrer sur la route. Dans tous les grands virages de Sunset Boulevard, il avait l'impression que la voiture se transformait en planeur. Comme si elle pouvait prendre son envol et saisir la prochaine brise d'air.

« C'est irréel, tout ça, murmura-t-il doucement.

— Ce qui est irréel, c'est de ne rien sentir de tout cela, répondit Francisco. Ce bonheur est le tien. Savoure-le, gorges-en toi. »

Mike regardait par la vitre le flot des voitures roulant à vive allure dans les deux sens et les belles maisons aux façades de stuc. Il avait entendu parler d'expériences de sortie du corps. Il se demandait si ce qu'il vivait en était une. Les deux hommes restaient silencieux ; le ruban de la route semblait pouvoir se dérouler à l'infini. Sunset Boulevard plongeait en direction de l'océan. Le soleil de l'ouest arrivait directement dans les yeux de Mike, avec une luminosité qui le faisait cligner des paupières.

« Je redescends, je le sens », dit-il.

Francisco le regarda.

« Ne t'inquiète pas. Tu peux planer encore un peu. Il n'y a pas d'urgence à atterrir. »

Mike avait toujours l'impression de ne pas véritablement conduire et de se borner seulement à regarder la route se dérouler devant lui. Progressivement toutefois, il reprit possession de ce qu'il considérait comme ses perceptions.

« Pourquoi tout cela m'arrive-t-il ? demanda-t-il en se tournant vers Francisco. J'ai vraiment besoin de le savoir.

— Je ne fais que jouer mon rôle, répondit Francisco. C'est comme quand on joue à chat. Je t'ai trouvé de la même manière que quelqu'un m'a trouvé par le passé. »

C'était la première fois qu'il faisait allusion à sa vie personnelle. Mike saisit l'occasion.

« Quelqu'un est venu vers toi sur une plage ?

— Non, au travail. J'étais entrepreneur du bâtiment. Un jour, un inconnu est arrivé sur le chantier. J'étais agacé, mais très vite, tout cela n'eut plus aucune importance. »

Francisco avait remarqué le regard curieux de Mike.

« Aucune chose du passé n'a véritablement d'importance. Tu verras. »

Une heure plus tôt, ces propos auraient effrayé Mike. Une partie de lui avait accepté le processus, mais une autre partie avait maintenu la croyance que tout pourrait revenir à la normale dès qu'il le voudrait. Mais la normalité était ébranlée, ce qui ne suscitait plus de crainte chez lui.

« Le processus dure-t-il toute une vie ? demanda-t-il.

— Oui, mais il ne cesse de se transformer. Quand je l'ai démarré, j'étais aussi effrayé que toi. Je résistais autant que toi à toutes les étapes, même si j'étais dépourvu de ton ego surdimensionné. Ne le prends pas mal. Et ne t'inquiète pas. Lorsque le processus sera terminé, cela aussi appartiendra au passé. »

Soudain, cette perspective parut à Mike la meilleure qu'il n'ait jamais eue.

« Je veux m'y engager, déclara-t-il. Est-il possible d'accélérer les choses ? »

Francisco paraissait amusé.

« Tu risquerais de t'y brûler les ailes. Sois prudent.

— Tu l'as été ? »

Francisco hocha la tête.

« Non. J'ai dévié du chemin. Pendant un moment. Mon guide était inquiet. »

Maintenant qu'ils avaient atteint la plage, Mike s'attendait à ce qu'ils obliquent vers le sud, vers sa maison. Francisco désigna un supermarché au coin d'une rue.

« Arrête-toi là. »

Mike sortit de la route et se gara.

« Qui était ton guide ? demanda-t-il.

— Il s'appelait Martin. À lui seul, il était une école de spiritualité. Ce qu'il savait de la vie... »

Francisco ne termina pas sa phrase. Il se retourna vers Mike.

« Il n'y a rien de magique dans tout cela. Les guides ne sont pas des magiciens. Ils ne flottent pas jusqu'à nous en provenance d'un autre monde. Ils se contentent de gratter une allumette dans l'obscurité ou d'offrir un nouveau départ. Mais revenons à nous. Toi et moi avons un travail à terminer. »

Francisco fouilla dans sa poche de chemise et en sortit un morceau de papier plié qu'il tendit à Mike. Il ajouta :

« Le bonheur va et vient jusqu'à ce que tu parviennes à t'en saisir. C'est la prochaine étape. »

Il regarda Mike déplier le papier et prendre connaissance de la dernière énigme.

Tu m'aimes un jour et me hais le lendemain,
Mais tu ne peux dire non ni à l'appât ni à la main.
Tu implores et supplies que je te laisse partir
Mais de mon filet jamais tu ne pourras t'enfuir.

Le front de Mike se plissa.
« Je ne comprends pas. Ça parle des besoins ou quelque chose du genre.
— Tu brûles. »
Francisco reprit le papier et, au dos, inscrivit le mot « Dépendance ».
Mike secoua la tête.
« Je ne souffre d'aucune dépendance. Je ne me suis pas même inscrit une fois dans un centre de désintoxication pour faire parler de moi dans les journaux.
— Je ne parle pas de dépendance à la drogue, ni au sexe ni à l'alcool. Ce sentiment de plénitude que tu as senti ? Il se dérobe à toi car tu ne cesses de retourner à ton ancien moi. C'est la pire des dépendances. Tant que tu auras besoin de ton ancien moi, tu ne pourras jamais véritablement entrer en contact avec l'inconnu.
— Alors, comme ça, je suis dépendant à moi ?
— Tu es dépendant à ton *ancien moi*. Comme tout le monde. »
Francisco regardait dans la direction d'un arrêt de bus tout proche.
— À suivre. Je dois partir. »
Mike ne voulait pas être livré à lui-même sans rien si ce n'est une poignée d'indices cryptiques et frustrants.

— Attends, dit-il. Tu ne vas pas me dire comment en sortir ? »

Francisco avait déjà quitté la voiture.

— Il est temps que tu commences à voler de tes propres ailes.

— Qu'est-ce que tu veux dire ? », demanda Mike d'une voix sombre.

Francisco se pencha vers lui de la vitre passager ouverte.

— Courage. Tu es en bonne voie. »

En regardant derrière lui, il vit un bus municipal s'engager dans le virage.

« Dis-moi au revoir avec un rire. Raconte-moi une blague pour la route. Une petite, juste de quoi rire à moitié avant que le bus reparte.

— Quelle est la différence entre un bar et une pharmacie ? demanda Mike. La différence de stock.

— C'est bien ça ! Maintenant rentre chez toi et regarde de nouveau dans le miroir. Tu y rencontreras quelqu'un qui a les réponses que tu cherches. »

Francisco courut attraper le bus, dont le dernier passager venait de descendre. Il monta et les portes se refermèrent sur lui. Mike le vit s'avancer dans l'allée centrale pour trouver un siège. Combien de passagers, pensa-t-il, avaient la moindre idée de qui se trouvait parmi eux ?

*
* *

Mike pensait qu'il se précipiterait pour regarder dans le miroir, mais une fois rentré, il se dit que cela pouvait attendre. Il se sentait à plat. Nex, enfermée toute la journée, s'était sentie seule. Elle lui fit la fête avec des aboiements sonores. Mike lui donna à manger, puis dénicha un reste de sushi et une bière dans le frigo. Son répondeur contenait sept nouveaux messages. Il ne se sentait pas d'humeur à rappeler quiconque, à l'exception de son agent.

« Qu'est-ce qui s'est passé ? demanda Alicia quand il parvint à la joindre.

— Est-ce que tu penses que je suis dépendant ?

— Quoi ? »

Mike répéta la question.

« Ouais, tu es dépendant, répondit Alicia. À l'argent, à l'approbation et au chocolat, comme tout le monde. À moins que tu ne penses aux drogues dures.

— Autre chose ?

— Laisse-moi réfléchir. Au whisky pur malt, au golf et au fait d'être drôle. Tu veux que je continue ?

— Je ne savais pas que tu me trouvais drôle, répondit Mike.

— Par moment. Qu'est-ce qui se passe ? Ta voix est différente. »

J'ai été engagé dans une école spirituelle. Un parfait inconnu m'a pris comme apprenti. Il pense que je serai prêt à voler la semaine prochaine.

Mike ne laissa rien paraître de ses pensées.

« Je me suis reposé. J'ai travaillé sur quelques histoires, dit-il. » Il en récita deux dans la foulée.

Quel est le comble du journaliste ? Être à l'article de la mort.

Que fait Stallone devant son miroir ? Il se rend beau.

Mâchonnant son sushi d'un air absent, Mike ouvrit une porte coulissante en verre et plaça le téléphone portable sur sa station d'accueil. Il désirait éperdument faire rire Alicia.

« Oublie ce que je viens de raconter. J'en ai une vraiment bonne, annonça-t-il. Un homme téléphone au Samu, paniqué :

— Je suis à la chasse et je viens de tuer mon ami par accident.

L'opératrice lui répond :

— La première chose à faire est de vérifier s'il est vraiment mort.

Elle entend ensuite une forte détonation, puis de nouveau le type au bout du fil.

— Ça y est. Il est mort. Et maintenant ? »

Alicia émit un grognement étouffé qui aurait pu traduire de l'amusement. Elle encouragea Mike à poursuivre son travail, puis raccrocha. Entre-temps, Mike n'avait plus envie de regarder le coucher de soleil. Il se glissait de nouveau dans son ancien moi. Francisco lui avait dit qu'il en était dépendant et Alicia n'avait fait que confirmer plus ou moins les choses. Il se leva et fit rentrer Nex dans la maison, refermant la baie vitrée.

Regarde de nouveau dans le miroir. Tu y rencontreras quelqu'un qui a les réponses que tu cherches.

Le moment était venu. Mike trouva un miroir dans la salle de bains d'amis à côté de l'entrée. Il se pencha vers le miroir et fixa son reflet. Il plissa les yeux, concentré, dans l'attente d'un événement.

Il ne se passa rien.

Il n'était peut-être pas question de concentration. Mike sourit à son reflet.

« Comment ça va ? Moi aussi, ça va. C'est gentil de t'en soucier. »

Les yeux qui le fixaient n'étaient ni fixes ni vides comme ils l'avaient été dans la voiture. C'était une bonne chose. Il se détendit et fixa de nouveau ses yeux. Plusieurs minutes passèrent.

Il commençait à s'ennuyer.

Mais s'il abandonnait maintenant, il n'aurait rien en récompense de ses efforts. Mike se pencha davantage, à la manière d'un optométriste muni d'un endoscope, fixant le centre de la pupille…

Ses pupilles se dilatèrent. Puis un œil, le droit, continua à se dilater, jusqu'à ce Mike ait l'impression que son iris allait disparaître. Pour terrifiante que fut la sensation, Mike garda son calme. Il prit alors conscience que sa pupille ne se dilatait pas, mais qu'il était attiré vers ce point obscur qui ne cessait de s'étendre. Alors que cette obscurité commençait à l'envelopper, Mike se souvint d'une image télé de son enfance, celle de Zorro brandissant sa cape noire dans les airs. La cape s'abattit sur Mike comme la nuit, puis tout vira au noir.

« Il y a quelqu'un ? » demanda-t-il. L'écho de sa voix lui parvenait comme dans un auditorium vide.

« Il y a quelqu'un ? »

En guise de réponse, un minuscule point lumineux apparut au loin. Il n'y avait nulle part ailleurs où aller, alors Mike se dirigea dans sa direction. Arrivé plus près, il vit ce que c'était. Une lampe torche. L'homme qui la tenait était assis sur un tabouret.

« Attention, fiston, dit-il. La glace est glissante et pas si épaisse. »

C'était Larry.

Mike se précipita vers lui et entendit la glace craquer sous ses pas.

« Qu'est-ce que tu fais ? », demanda-t-il, bien qu'il sût.

Un homme assis sur un pliant fixant un trou dans la glace devait pêcher. La pêche avait été le loisir préféré de Larry en hiver quand Mike était gamin. Il se souvenait de son père le tirant de son lit chaud, de la vieille camionnette Ford qui les conduisait jusqu'à un lac paumé du Wisconsin.

« Je suis devenu un pêcheur d'hommes, annonça Larry, tirant sur sa canne à pêche.

— Vraiment ? demanda Mike.

— Je t'ai bien attrapé, pas vrai ? »

Larry ressemblait tellement à Larry que Mike mourait d'envie de le toucher, pour vérifier qu'il était bien réel. Mais son intuition lui conseillait de s'en abstenir.

Son père agitait sa lampe torche dans l'obscurité. Le faisceau éclaira un deuxième pliant, de l'autre côté du trou. Mike s'assit.

« Je ne crois pas que l'utilisation de la lampe torche soit autorisée, dit-il.

— Ces foutues âmes ne mordent pas sans, répondit Larry. Il sourit. Les brochets non plus. »

Peut-être parce qu'il s'agissait de la deuxième fois, Mike n'était pas du tout surpris de voir Larry. Il se sentait détendu mais avait froid, était heureux de passer un peu de temps avec son père, sans toutefois apprécier la pêche plus que cela. Rien n'avait vraiment changé depuis ses dix ans.

« Tout change et rien de change, pas vrai, fiston ? dit Larry.

— Tu es encore dans les limbes ?

Larry haussa les épaules.

— Ça va. J'en sortirai quand j'arrêterai de m'inquiéter pour toi.

Ces paroles mirent Mike mal à l'aise.

— Tu peux arrêter de t'inquiéter, dit-il. Va là où tu dois aller.

— Ne t'inquiète pas. Je ne suis pas en prison. N'es-tu pas venu pour me poser une question ? demanda Larry.

— Je suis venu demander quelque chose à quelqu'un, répondit Mike, la voix incertaine.

— Pose la question à ton vieux père. »

Larry regarda son fils et lut l'expression sur son visage.

« Nous n'avons jamais parlé beaucoup. Je le regrette, ajouta-t-il.

— Moi aussi, j'aurais pu faire plus d'efforts », répondit Mike.

Larry soupira.

« Tu te souviens du jour où tu t'es fait renvoyer de l'équipe de base-ball de l'école ? Tu étais plutôt bon pour ta taille, mais ils voulaient des joueurs plus massifs pour les matchs universitaires. Tu avais les qualités mais pas les muscles. Ça t'a vraiment démonté.

— C'était il y a très longtemps.

— Quand tu fais quelque chose de mal, ça reste du présent, peu importe le temps qui passe.

— Qu'est-ce que j'ai fait de mal ? demanda Mike.

— Pas toi, moi. »

Larry joua avec sa canne à pêche, manifestement absorbé par ses pensées.

« Tu voulais que je te réconforte, mais je ne savais pas comment faire. Tu t'es précipité vers moi comme tu le faisais à l'âge de huit ou neuf ans, et tu voulais que je te serre dans mes bras. La seule chose qui m'est venue à l'esprit fut : ce gamin a passé l'âge. Je t'ai repoussé. Tu t'en souviens ?

— Tu m'as dit : "Va voir ta mère si tu as besoin d'un câlin", répondit Mike. Ce n'était pas grave.

— Si ça l'était. Larry marqua une pause. J'ai coupé le cordon entre nous. Le pire, c'est que je le savais. Je sentais que les choses ne seraient plus pareilles entre nous. Je t'aimais, bon sang, et je t'ai repoussé. Pourquoi ? »

Mike avait la gorge serrée en entendant la peine qui pointait dans la voix de son père.

« Les fils partent, Papa.

— Tu n'es pas revenu, répondit Larry. Il faut aider son fils à partir. Mais il faut le faire au moment juste pour les deux et de manière à ce qu'il sache qu'il peut revenir s'il en a envie. »

Que pouvait répondre à cela Mike ? La pensée que Larry se trouvait dans les limbes en raison d'une si forte culpabilité l'effrayait. Avant que Mike puisse ouvrir la bouche, la peine de son père s'allégea aussi soudainement qu'elle s'était abattue sur lui.

« Ne te fais pas de souci. Il fallait que je te le dise, mais c'est fini maintenant. »

Larry leva la tête et scruta l'obscurité.

« Tu ne peux pas les voir, mais ils nous aident vraiment. Je parle des gens de Dieu. »

Il toussa et son corps fut animé d'un léger tremblement.

« Où en étais-je ? Ah oui, la question que tu voulais poser. »

Mike était encore sur le coup des paroles de son père. Vivant, Larry avait été de la vieille école. Il ne montrait pas ses émotions. Quand il serrait Mike dans ses bras, c'était une étreinte d'homme, bras passé autour de l'épaule et tapes légères.

« Laisse-moi quelques instants, dit Mike.

— Tu veux entendre la blague préférée de Dieu ? demanda Larry.

— Bien sûr. »

Larry se redressa sur son pliant et regarda Mike dans les yeux.

« Le péché », dit-il. Il eut un petit rire, et ce fut tout.

« C'est ça la blague ? demanda Mike.

— Absolument. À chaque fois que Dieu entend que les gens croient au péché, il se tord de rire.

— Et tu l'entends rire ? demanda Mike.

— À s'en tenir les côtes », ajouta Larry. Il se reprit. « J'ai eu beaucoup trop de temps libre ces jours-ci. »

Il sortit sa ligne de l'eau et commença à l'enrouler autour de sa main gantée. Mike remarqua qu'elle ne comportait ni hameçon ni appât.

« Peu importe, dit Larry. Les âmes ne mordent pas de toute façon. »

Il rassembla son matériel et se leva.

« C'est maintenant ou jamais, fiston. Pose-moi ta question. Il va falloir que j'y aille. »

Son ton s'était fait plus léger, mais Mike savait que son père était désireux de faire amende honorable. Des regrets étaient suspendus à lui comme de la brume s'élevant de la glace. Mike n'attendait pas à proprement parler de réponse, mais posa tout de même sa question.

« Je suis entièrement focalisé sur moi, ma façon de faire les choses, dit-il. Je n'aime pas ma façon d'être, mais j'en suis dépendant et je ne sais pas comment stopper tout ça.

— C'est simple, répondit Larry, l'air soulagé. J'ai pensé un moment que tu allais me demander comment récupérer ta femme. Personne ne peut t'aider pour ça.

— Aide-moi pour ce que j'ai demandé, implora Mike.

— D'accord. Tu m'écoutes ? Larry s'éclaircit la voix. Tu persistes à faire ce qui n'a pas marché la première fois et n'a jamais marché. Arrête.

— Quoi ?
— Les dépendances sont des substituts artificiels. Tu restes bloqué sur des choses qui ne t'apportent jamais ce que tu désires véritablement. Comme tu ne peux pas avoir de vraies roses, tu en achètes en plastique ; tu ne peux pas avoir de pensées douces, alors tu te bourres de sucre ; tu ne sais pas comment être heureux, alors tu fais rire les autres.
— Quand vais-je arrêter tout ça ?
— Bonne question. »
L'agitation de Larry semblait s'accroître. De temps à autre, il jetait un coup d'œil derrière lui dans l'obscurité qui les enveloppait.
« J'arrive, j'arrive », dit-il d'une voix impatiente.
Il se retourna vers Mike.
« Je n'ai qu'un accès limité. Je crois te l'avoir dit la première fois. Que peux-tu faire ? »
Il haussa les épaules et commença à s'éloigner, ses lourdes bottes en caoutchouc faisant craquer la glace.
Mike le rappela.
« Pourquoi n'es-tu pas apparu par la télé ? Je persiste à croire en la télévision, comme tu dis. »
Larry ne se retourna pas.
« Ne t'inquiète pas. Tu crois aussi en l'obscurité. »
Puis il disparut.

*
* *

Mike rentra sans savoir comment. L'espace d'un instant, il se trouvait sur la glace dans l'obscurité, l'instant d'après, il se retrouvait devant le miroir. C'était un mystère, qui s'ajoutait aux autres.

Ces derniers temps, un nombre conséquent de mystères s'était accumulé autour de lui.

Il retourna dans la cuisine où il avait laissé le reste de sushi et de sa bière. Il se sentait calme. La maison semblait très tranquille autour de lui. Nex leva la tête de son tapis près de la cuisinière, gémit et remua la queue. Mike se dirigea vers elle et lui murmura à l'oreille :

« As-tu entendu parler du paranoïaque dyslexique ? Il est sûr de suivre quelqu'un. »

Nex jappa et mordilla son nez.

« Ça va, ça va. Mord tout ton soûl. En années de chien, je suis déjà mort. »

Mike ne savait pas pourquoi il se sentait d'humeur aussi légère. Il s'assit devant le bar de la cuisine pour siroter sa bière, sans penser à rien. Mais les paroles de Larry s'imposèrent à lui.

Tu persistes à faire ce qui n'a pas marché la première fois et n'a jamais marché.

D'accord. Et maintenant ?

Francisco lui avait dit que le moment était venu de voler de ses propres ailes. Il était d'accord. Depuis longtemps, il aspirait à une autre vie. Il avait fallu la mort de Larry pour qu'il en prenne conscience. Mais comment renoncer à sa dépendance ?

Mike jeta la cannette de bière vide dans la poubelle et emmena Nex.

« Viens, ma fille. Juste toi et moi. »

Il était à peine dix heures quand il s'installa dans son lit avec la chienne. Mike s'empara de la télécommande et zappa. Son attention fut saisie par un spectacle familier. Un hélicoptère survolait l'autoroute 405. Au sol, des flics poursuivaient un 4 × 4 volé. Mike monta le son.

« Ce qui a démarré comme une poursuite il y a plusieurs heures s'est transformé en épreuve d'endurance, expliquait le journaliste devant les images de l'hélicoptère. Le suspect, désormais identifié et répondant au nom d'Alberto Rodriguez, a tenté de s'enfuir en direction de la frontière mexicaine. Il semblerait maintenant qu'il fasse tourner en rond la police. »

La prise de vue aérienne donnait l'impression que le 4 x 4 rampait sur l'autoroute, suivi par cinq véhicules de police. Mike avait déjà vu ce type d'images. Mais cette fois-ci, il s'imagina à la place du conducteur. Quelles étaient ses pensées ? L'issue de la poursuite semblait inévitable. Il tomberait à court d'essence, la voiture s'immobiliserait et la police le rattraperait. Il serait emprisonné.

Le conducteur persistait à faire ce qui n'avait déjà pas marché la première fois.

Mike coupa le son et téléphona à sa mère. Il était minuit à Chicago, mais il savait qu'elle aimait veiller tard.

« Allô ?

— Maman, c'est moi. »

Sa mère eut l'air surpris. Ils s'étaient parlés juste après la mort de Larry. Elle n'avait pas assisté aux obsèques. Son second mari ne le souhaitait et, en tout état de cause, elle n'avait pas été en bons termes avec Larry ces vingt dernières années.

« Ça ne va pas ? demanda-t-elle.

— Si, Maman, tout va bien. Je voulais simplement te poser une question. Pourquoi Larry et toi vous disputiez-vous autant ?

— Tu tiens vraiment à ce que nous en parlions maintenant ? C'était il y a si longtemps. Je ne m'en souviens pas.

— Mais tu te souviens bien que vous vous disputiez ?

— Grand Dieu, oui ! C'était horrible. Nous n'arrêtions pas de nous bouffer le nez tous les deux. » Elle ajouta d'un ton sec : « Tu tiens vraiment à ce que nous en discutions à cette heure-ci ? »

Mike savait que cette conversation mettait sa mère mal à l'aise, mais il ne parvenait pas à chasser de son esprit l'image de la poursuite au ralenti sur l'autoroute.

« Tu ne voyais pas où tout ceci allait mener ? demanda-t-il. Les gens qui ne cessent de se disputer finissent par divorcer.

— Je suis désolée, chéri.

— Ce n'est pas là où je veux en venir. Je ne comprends pas pourquoi vous n'avez pas essayé autre chose.

— Que veux-tu dire ?

— Aucun de vous n'aurait gagné, mais vous n'avez cessé de batailler quand même l'un contre l'autre.

— Chéri, je ne voudrais pas te jeter la pierre, mais Dolores et toi avez divorcé aussi. Vous vous disputiez aussi. Tu ne croyais pas que tu finirais par gagner ? »

Mike voulut répondre : *Ce n'est pas la même chose. Vous étiez mes parents. Je n'étais encore qu'un gosse quand je me suis marié. Je n'ai pas su gérer les choses.*

Au lieu de cela, il répondit :

« Tu as raison. Je n'aurais pas dû appeler. Va te coucher, Maman. »

Il murmura une excuse et raccrocha.

À la télé, la poursuite au ralenti continuait. Le conducteur ne voulait pas renoncer. Il devrait pourtant s'arrêter, c'était inévitable. Mais son cerveau ne pouvait accepter l'inévitable.

« Pauvre type, murmura Mike. »
Il laissa la télé allumée sans le son et se glissa dans son lit. La télé l'aidait à s'endormir. Les infos du lendemain matin lui apprendraient comment les choses avaient tourné.

7

Les premiers rayons du soleil vinrent chatouiller le visage endormi de Mike et former une lueur rosée sous ses paupières. Il s'assit et regarda autour de lui, bâillant. Il se sentait satisfait, ce qui le surprit ; les choses étaient allées si vite. L'air était frais et tranquille. Il constata que la télé était toujours allumée, le son coupé, mais les images qui scintillaient à l'écran ne suscitaient aucun intérêt chez lui.

Un coup léger frappé à la porte vitrée coulissante brisa cette tranquillité.

« Sors, j'ai quelque chose à te montrer. »

C'était Francisco. Mike passa une chemise et un pantalon, puis ouvrit la porte donnant sur la terrasse.

« Qu'est-ce que cela t'inspire ? », demanda Francisco.

Il n'eut pas à fournir plus d'explications. De gros nuages annonciateurs d'orage s'étaient formés au-dessus de l'océan. Mike n'avait jamais rien vu de tel.

« Glorieux », murmura-t-il. C'était un qualificatif qu'il n'avait jamais utilisé.

« Retourne-toi », demanda Francisco.

Mike obtempéra et vit ces nuages derrière lui aussi. Il laissa son regard vagabonder dans le ciel :

partout, les mêmes formations nuageuses massives.

« Pour le moins étrange, tu ne trouves pas ? », dit Francisco.

Mike n'était pas encore bien réveillé, mais il comprit soudain ce que voulait dire Francisco. Le soleil dardait ses rayons uniquement là où ils se trouvaient. Mike s'avança jusqu'à l'extrémité de la terrasse et regarda en bas. L'obscurité créée par les nuages arrivait jusqu'à sa maison, où elle s'arrêtait. Francisco et lui baignaient dans un îlot de lumière.

« C'est toi qui as fait ça ? demanda Mike.
— As-tu déjà entendu parler de quelqu'un capable de contrôler la météo ? »

Mike fit non de la tête.

« Ce qui veut dire que si j'étais capable de produire cela, je ne serais pas une personne ».

Francisco éclata de rire devant la réaction de Mike.

« Tiens, ajouta-t-il en tendant la main.
— Qu'est-ce que c'est ?
— Un cadeau de fin d'initiation. »

Francisco ouvrit la main pour révéler trois objets de petite taille : une bague en or, une pépite d'or et un sceau en or. Ils avaient été consciencieusement polis et brillaient au soleil. Mike se sentit mal à l'aise. Ces objets lui apparaissaient comme une nouvelle énigme qu'il ne pouvait résoudre. Francisco lut dans ses pensées.

« Ils recèlent le secret du bonheur, annonça-t-il. Je n'aurais pu imaginer cadeau plus approprié.
— Est-ce que tu comptes me révéler le secret ?
— Tu le sauras. Vas-y, prends-les. »

Réticent, Mike s'exécuta.

« Et si je n'étais pas prêt à terminer cette initiation ? Tout cela me semble bien trop rapide.

— Personne ne t'y force. À toi de décider si tu es prêt. »

Les deux hommes commencèrent à redescendre lentement vers la plage. Francisco scrutait l'horizon, mais Mike ne distinguait rien sur l'océan, pas même les habituels bateaux de plaisance ni les phoques et leurs jeux d'eau. Ils s'approchèrent des menues épaves laissées par la marée. Francisco se pencha et extirpa un bâton recourbé des algues qui s'y étaient accrochées.

« Exactement ce qu'il nous faut », annonça-t-il.

De l'extrémité du bâton, il traça une ligne dans le sable.

« Nous voici parvenus à la dernière leçon. La plus importante.

— D'accord », répondit Mike d'une voix incertaine.

Francisco désigna l'autre extrémité de la ligne qu'il avait tracée.

« De ce côté-ci se trouvent toi et ton monde. De l'autre, Dieu et le monde de Dieu. Depuis ta naissance, tu n'as pas franchi la frontière qui sépare les deux. Maintenant, tu le peux.

— Est-ce que cela implique que je doive mourir ? »

Francisco fit non de la tête.

« Le monde de Dieu s'ouvre à toi lorsque tu es en mesure de distinguer entre illusion et réalité. Comme je te l'ai dit auparavant, tu as adhéré à l'illusion que tu es une personne en quête de son âme. La réalité est que tu es une âme jouant le rôle d'une personne. Quand tu comprends véritablement cela, jamais plus tu ne seras prisonnier. Tu seras libre. »

Mike hésita.

« Est-ce que tu te trouves dans le monde de Dieu à cet instant même ?

— Oui.

— À quoi est-ce que cela ressemble exactement ? J'aimerais vraiment le savoir.

— Il n'y a rien à craindre, rien à perdre, rien auquel s'attacher. Tu ne reconnaîtras plus ton ancien moi. Tu deviendras celui que tu es vraiment.

— Excuse-moi, mais ce que tu décris ressemble beaucoup à la mort. »

Le ton de Mike était un peu blagueur. Francisco donna un coup de pied vif dans le sable. La ligne disparut.

« Qu'est ce qui ne va pas ? », demanda Mike.

Francisco lui jeta un regard dur.

— Je me demande si tu te rends compte vraiment de ce que je t'offre. Si c'était le cas, tu le désirerais de toutes les fibres de ton être. Ou alors tu t'enfuirais en hurlant de terreur.

— Je suis désolé.

Mike avait parlé d'un ton peiné.

Francisco constata qu'il était sincère, mais s'abstint de tout commentaire.

— Il est encore tôt. Nous verrons ce que la journée nous réserve », ajouta-t-il d'un ton détaché.

Ils continuèrent de marcher sur la plage. L'ouverture dans la couverture nuageuse se déplaça avec eux. Le contentement qu'avait ressenti Mike avait disparu.

« Le changement que tu demandes est énorme. C'est peut-être trop pour moi, dit-il. Je ne me sens pas à la hauteur.

— Tu te sens encore trop à la hauteur, rétorqua Francisco.

— Qu'est-ce que tu veux dire ?

— Tu continues de penser que tu contrôles les choses. On en revient à l'ego. Jamais l'ego ne renonce à essayer de contrôler les choses. Il en fait toujours plus de ce qui n'a jamais marché.

— C'est exactement ce que Larry m'a dit. Je l'ai revu, dit Mike.

— Il avait raison. Tu ne changeras pas tant que ton ego n'aura pas renoncé. Ce qui ne se produira que lorsque tu te sentiras complètement sans ressources et vulnérable. Ce n'est qu'alors que ce jeu se terminera. Tu feras face à de l'inconnu. C'est effrayant et il y fait sombre. Mais c'est là que tu dois te rendre. »

Mike était désireux d'en entendre plus, mais Francisco était déjà passé à autre chose.

« Tu vois le gars là-bas ? », demanda-t-il.

Mike parvenait à distinguer un point de couleur verte sous un poste de secourisme. Il lui fallut un instant pour discerner qu'il s'agissait d'un homme recroquevillé dans un manteau militaire peu ragoûtant.

« Oui, je le vois.

— Combien d'argent as-tu sur toi ? », demanda Francisco.

Mike avait toujours pas mal d'argent sur lui. Il sortit son portefeuille et en tira une liasse de billets de cent dollars.

« D'accord, dit Francisco. Prends deux cents dollars et va lui porter. Et voyons ce qui se passe. Je m'occupe du reste. »

Mike obtempéra. Il revint au bout d'un instant.

« Alors ? demanda Francisco.

— Ça l'a complètement retourné. Il était en train de cuver et a tout d'abord cru que j'allais l'embarquer. Lorsque j'ai placé l'argent dans sa main, il n'y croyait pas. Il s'est mis à pleurer. »

Tous deux pouvaient voir cet homme qui était sorti de sous le poste de secourisme. Sur son visage marqué par le temps se lisait une expression de jubilation. Il se mit à faire des signes frénétiques en direction de Mike. Celui-ci lui rendit son salut.

« Ça m'a fait énormément de bien », dit-il en regardant l'homme s'éloigner. Celui-ci ne cessait de se retourner pour lui adresser des signes de la main.

Mike baissa la tête. Francisco, accroupi sur le sable, avait assemblé le reste des billets en un petit tas auquel il avait mis le feu.

« Qu'est-ce que tu fabriques ? », cria Mike. Avec son pied, il tenta d'éteindre les flammes, mais Francisco arrêta son mouvement.

« Contente-toi de regarder, dit-il.

— Qu'est-ce que tu veux dire par regarder ? Il y a mille dollars, si ce n'est plus ! », s'exclama Mike.

Quand tout espoir de sauver les billets se fut évanoui en fumée, Francisco demanda :

« Et maintenant, comment te sens-tu ?

— Mal. Qu'est-ce que tu cherchais à prouver ? demanda Mike d'un ton amer.

— Je voulais te montrer à quel point tu es prévisible. Tu t'es senti bien en donnant ton argent. Et mal en le perdant. C'est tout ce que l'ego a à t'offrir : des sensations de bien-être et de malaise. Tu es comme une souris de laboratoire.

— L'expérience est coûteuse, rétorqua Mike sans enthousiasme.

— As-tu compris où je voulais en venir ?

— Répète-le moi. »

Mike ne s'était pas encore remis de la vision d'une liasse de billets réduite en cendres.

« Tu es trop contrarié pour l'instant, répondit Francisco. Tu en riras quand tu verras la vérité. Et si on se payait une petite tranche de rire maintenant ? Tu as une blague pour moi ? »

Mike avait parfaitement conscience qu'il ne s'agissait que d'un pâle stratagème, mais il avait besoin de se changer les idées.

« Un homme se promène sur une plage. Dans le sable, il trouve une lampe en cuivre. Il l'astique et un génie en sort.

— Tu m'as rendu ma liberté, dit le génie. Au lieu d'exaucer trois de tes vœux, je ne t'en accorderai qu'un, mais il peut s'agir du plus grand souhait du monde.

L'homme réfléchit quelques minutes :

— Je ne suis jamais allé à Hawaï. Construis-moi un pont pour que je puisse y aller aussi souvent que je veux.

— Tu as perdu l'esprit ? s'écrie le génie. Ça représente la moitié de l'océan Pacifique. Personne ne peut construire un pont de cette longueur. Fais un autre vœu.

L'homme réfléchit encore :

— Ça y est. Je veux savoir ce que les femmes pensent vraiment.

— Ton pont, tu le veux comment ? À une ou deux voies de circulation ? »

Mike fut soulagé lorsqu'il entendit Francisco rire. La tension entre eux deux avait disparu et ils s'assirent côte à côte sur le sable au bord de l'eau. Au bout d'une minute, une mouette vola au-dessus d'eux, en quête de nourriture. Elle émit un cri strident et s'éloigna, déçue.

« Pourquoi cet oiseau est-il libre et pas les êtres humains ? demanda Francisco.

— Il ne se rend pas compte ? suggéra Mike.

— Exact. Et il n'en a pas besoin non plus. Il est né dans le monde de Dieu et n'a aucune raison d'en sortir. Pourquoi n'en va-t-il pas de même pour nous ? Comment en sommes-nous venus à croire que nous devions vivre d'un côté de la ligne alors que Dieu se trouve de l'autre côté ? Quand on y réfléchit, ça n'a aucun sens. Peu importe la religion à laquelle on croit. Peu importe aussi s'il s'avérait que Dieu est un homme, une femme ou une chose. Au bas mot, Dieu est partout. Sinon, Dieu n'est pas Dieu.

— Comment faire alors pour accéder à ce partout ? », demanda Mike.

Francisco sourit, avant de devenir pensif.

« Quand j'étais jeune, dit Francisco, j'ai cherché à trouver Dieu de la pire manière qui soit. Là où il se trouvait, je me débrouillais d'une façon ou d'une autre pour ne pas y être. J'ai lutté, crié, hurlé. Puis j'ai rencontré mon guide. Qui m'a montré quelque chose. »

Francisco sauta sur ses pieds. Il tira sur le bras de Mike, l'entraînant vers le bord, puis tous deux s'avancèrent dans l'eau jusqu'aux genoux. Le sable froid s'enfonçait sous leurs pieds.

Il demanda :

« Comment peux-tu chercher Dieu s'il est déjà là ? C'est comme si, debout dans l'océan, nous nous exclamions : "Je veux être mouillé." Tu veux passer de l'autre côté de la ligne pour rejoindre Dieu. Il s'avère qu'il a toujours été là.

Les yeux de Francisco commencèrent à briller.

« La grâce touche ceux qui arrêtent de lutter. Quand tu comprends véritablement qu'il n'y a rien que tu puisses faire pour trouver Dieu, il apparaît soudain. C'est le plus profond des mystères, le seul qui compte véritablement. »

*
* *

Le dernier jour de l'initiation de Mike ne se déroula pas uniquement sur la plage. Francisco annonça qu'il avait faim et insista pour aller déjeuner dans un endroit précis en ville. Il refusait d'expliquer pourquoi, et Mike supposa qu'il avait ses raisons.

Sur le trajet, Francisco lui dit :

« Tu as posé une très bonne question sur la plage.

— Ah bon ? répondit Mike.

— Oui. Tu as demandé "Comment faire pour accéder à ce partout ?" Toi et moi, nous allons répondre à cette question. Mais si Dieu est partout, le chemin pour l'atteindre ne peut être la ligne droite. Je t'expliquerai. »

Comme Francisco n'ajouta rien pendant le reste du trajet, Mike eut le temps de songer à son guide remarquable. La confiance dont faisait preuve Francisco était totalement naturelle. Mike avait beau l'avoir souvent observée, il en était toujours surpris. Il se demandait si cet état allait de pair avec la liberté.

Lorsqu'ils s'approchèrent du centre ville, Francisco revint à la vie.

« On va manger un morceau, puis on retournera là où tous les ennuis ont commencé. À l'endroit où le lien s'est rompu. Là où les êtres humains ont perdu leur innocence. Là où l'amour de Dieu s'est perdu, où il s'est transformé en haine ou, au mieux, en indifférence.

— Tu parles du Jardin d'Éden, dit Mike.

— Exact. C'est là que nous devons nous rendre. Mais pas l'estomac vide. »

Ils garèrent la voiture. Francisco trouva l'endroit où il voulait déjeuner, un restaurant grec aux effluves alléchantes – moussaka savoureuse, souvlaki appétissant, résiné qui ne demandait qu'à se laisser boire. La nourriture était on ne peut plus terrestre, comme le couple de Grecs trapus qui servait au comptoir. Mike savait qu'il était inutile de presser davantage Francisco, mais au moins Mike jouait sa partie.

« Plus personne ne raconte de blagues sur Adam et Eve, dit-il. Gamin, j'en ai appris beaucoup. "Pourquoi Dieu a-t-il créé Adam en premier ? Pour qu'il ait une chance de dire quelque chose". Ça ne ferait plus rire aujourd'hui. Ce qui explique peut-être que toutes ces blagues aient disparu. Elles étaient soit réac, soit méprisantes à l'égard des femmes. Il y en a une qui a fait rire la dernière fois que je l'ai racontée.

Dieu va voir Adam et lui dit :

— J'ai une bonne et une mauvaise nouvelle. Laquelle veux-tu entendre en premier ?

— La bonne nouvelle, répondit Adam.

— D'accord. Je t'ai donné un cerveau et un pénis.

— C'est effectivement une bonne nouvelle, répondit Adam. Quelle est la mauvaise ?

— Avec le sang que je t'ai donné, tu dois choisir entre l'un ou l'autre. »

Même lorsqu'il parlait, une partie de lui regardait Francisco avec intensité. C'était peut-être la dernière fois qu'il voyait son guide. Est-il possible qu'il ait appris suffisamment de lui ? Apprendrait-il jamais son nom ou l'endroit où il vivait ?

« Je ne vais pas maintenir le suspense », dit Francisco, avalant le reste de son sandwich. Il désigna de la tête l'immeuble de l'autre côté de la rue.

« C'est là où nous allons.

— Le tribunal ?

— Et plus précisément le tribunal des divorces, répondit Francisco. C'est l'endroit qui s'apparente le plus au Jardin d'Éden. Ici comme là-bas, les choses commencent dans l'amour et l'union et se terminent par la colère et la séparation. Je veux te rappeler de quoi ça avait l'air. »

La distance qui les séparait du tribunal était courte. À l'intérieur, il faisait sombre et ça sentait le renfermé. Au deuxième étage, où les divorces étaient prononcés, régnait une atmosphère lourde de peine. Mike vit des gens se regrouper par deux avant d'entrer dans les salles d'audience. Ceux qui ressemblaient à des couples étaient en fait des avocats et des épouses.

« Ils ont tous l'air malheureux, constata Mike qui s'était déjà trouvé là. Pourquoi devons-nous assister à tout cela ?

— Ce n'est pas une obligation, répondit Francisco. Le Jardin d'Éden est peut-être un mythe, mais que symbolise-t-il ? Un mauvais divorce entre les êtres humains et Dieu. Dis-moi ce qui se passe lorsque des gens divorcent. Les deux parties se pensent dans leur bon droit. Le mariage est un jeu de donner-recevoir. Tu te disputes, puis tu te réconcilies. Au plus profond de ton cœur, tu peux encore penser que tu as raison, mais vivre en couple implique de faire des compromis. Une fois le divorce prononcé, tout change. Ton ex-mari ou ton ex-femme a systématiquement tort et toi, systématiquement raison. Ces positions figent les choses. Plus personne ne bouge, pendant un certain temps du moins.

— Qui a gagné le divorce d'avec Dieu ? demanda Mike.

— On dirait que c'est Dieu. Les êtres humains ont perdu leur innocence. Ils ont eu le sentiment d'avoir péché. Ils se sont imaginé qu'ils avaient été expulsés du paradis pour une bonne raison.

— Et ce n'était pas le cas ? »

Francisco fit non de la tête.

« Le divorce n'a jamais eu lieu. Tu m'as demandé comment faire pour accéder à ce partout. Tu ne l'atteindras jamais si tu crois avoir fait quelque chose de si mal que Dieu a décidé de divorcer de toi. »

Francisco tourna les talons et se dirigea vers les ascenseurs, Mike sur ses pas.

« Tu me parais bien cynique, dit-il. Je ne m'attendais pas à ça de toi.

— Je me montre simplement réaliste. L'amour et l'union se transforment bel et bien en colère et en séparation. Passe du temps dans ces couloirs et tu le verras des centaines de fois par jour. Sans toujours le savoir, tous ces couples ne font que remettre en scène un drame très ancien. »

Francisco appuya sur le bouton de l'ascenseur et attendit.

« Je serais cynique si je pensais qu'on ne peut rien y faire. Ce qui n'est pas le cas. »

Quelques minutes plus tard, ils se retrouvaient dehors dans la lumière du soleil. Mike songeait à son propre divorce. Ce n'était pas par hasard qu'il avait appelé Dolores alors qu'il se sentait perturbé. C'était dans son habitude de faire intrusion dans sa vie et peu importait le nombre de fois où elle lui avait demandé de s'en abstenir. Sur un certain plan, il parvenait à se l'expliquer. Il ne pouvait pas croire qu'il l'avait perdue. Son esprit ne lui permettait pas de l'accepter.

« Tu continues de vouloir gagner, remarqua Francisco.

— Quoi ? » Mike était étonné.

« Tu songeais à ton mariage. Tu veux que Dolores revienne car dans ce cas c'est toi qui gagnerais. Le divorce t'a fait basculer dans le camp des perdants.

— C'est un peu radical, répliqua Mike.

— Pas si tu considères les choses sous un autre angle. Tu es sous l'emprise du souhait que l'amour puisse durer éternellement. Tu refuses de croire qu'il peut se transformer en haine. Il en va de même pour l'ensemble de l'humanité. En dépit de siècles de prêches sur le péché et la chute, les gens se souviennent du paradis. Ils se rassemblent dans les églises pour se persuader que le divorce d'avec Dieu ne s'est jamais produit.

— Tu viens de me dire que c'était bien le cas, répondit Mike.

— Ça l'est si tu le crois. C'est le pouvoir de l'illusion. »

Les palmiers entourant le tribunal étaient de vénérables géants, et Mike ne pouvait s'empêcher d'imaginer que ces mêmes arbres avaient procuré de l'ombre dans le Jardin d'Éden. Peut-être un reste d'éducation religieuse et d'images pieuses montrées aux enfants.

« Le divorce d'avec Dieu constitue une illusion puissante, reprit Francisco. Mais puisqu'il n'est pas réel, le chemin pour revenir vers lui est beaucoup plus simple qu'il n'y paraît. Que faudrait-il pour que tu retournes avec ta femme ? »

Sans attendre la réponse de Mike, il poursuivit :

« Quelque chose s'est mis entre vous ; ce même quelque chose qu'il convient d'ôter.

— Et qui est ?

— Vous vous opposiez l'un à l'autre. Il n'y avait plus de donner-recevoir. À la fin, l'un de vous deux devait avoir raison et l'autre tort. Tu vois où je veux en venir ? Pour la récupérer, inverse la situation. Laisse-*la* avoir raison.

— J'aimerais bien pouvoir le faire, répondit Mike en hochant la tête.

— Tu peux le faire, insista Francisco. Si tu ne le fais pas avec elle, alors fais-le avec Dieu. Il a raison et a toujours eu raison, car en réalité, Dieu est uniquement amour. Il veut ce qu'il y a de mieux pour toi et rien pour lui. Le plus infime mouvement de ta part sera accueilli les bras ouverts. »

Mike respira profondément.

« Montre-moi quoi faire et je le ferai, dit-il.

— Ça marche », répondit Francisco. Il jeta un coup d'œil approbateur à Mike et commença à s'éloigner.

« Qu'est-ce qui se passe ? », s'écria Mike.

Francisco se retourna.

« Tu viens de terminer ton initiation. Tu as pris la bonne décision. Félicitations.

— Tu veux dire que les choses se terminent ici ? demanda Mike, alarmé.

— Oui. Et c'est ici qu'elles commencent. Ça marche comme ça. »

Francisco s'éloignait toujours plus et Mike ressentait une envie très forte de s'élancer après lui. Puis il prit le temps de réfléchir. Toutes les fois que Francisco était parti, il avait fini par revenir. Il suffisait à Mike d'être patient. En attendant, il avait beaucoup de choses à assimiler. Cette journée avait été la plus intense depuis leur rencontre. Une fois que Mike serait prêt, son guide referait son apparition.

Ces pensées étaient rassurantes. Mais aussi totalement erronées. Cependant, il faudrait un certain temps à Mike pour le découvrir.

*
* *

Les jours se changèrent en semaines, les semaines en mois. Mike consacra son temps libre à des choses étranges. Il laissa la télé allumée jour et nuit, juste au cas où il prendrait l'envie à Larry d'entrer en contact avec lui. Il passa un temps considérable à se regarder dans le miroir. Lors de ses promenades sur la plage avec Nex, il y avait toujours un moment où il croyait voir un homme élancé avec une barbe en forme de bouc s'avancer au loin vers lui.

Les autres ignoraient tout de ce comportement. Pour le monde extérieur, il restait le même Mike Fellows. Lorsqu'il reprit pleinement ses activités, Alicia lui trouva plus de contrats qu'il ne pouvait en accepter, auxquels s'ajoutaient par semaine une dizaine de scripts de films à lire. Ils prenaient la poussière en tas à côté de son lit, sans avoir été ouverts.

Alicia fut la plus fine à se douter de quelque chose.

« Tu as changé, lui dit-elle un jour au téléphone.
— Comment ça ?
— C'est difficile à dire. Comme si tu avais été enlevé par de gentils extraterrestres. »

Pour le reste du monde en revanche, Mike était égal à lui-même. Francisco ne lui avait-il pas dit que personne ne remarquerait la différence ?

De toutes les choses que son guide lui avait montrées, une image restait gravée dans la tête de Mike : la ligne tracée sur le sable. Il commença à se dire que Francisco devait l'avoir traversée à jamais. Au bout de trois mois, Mike se réveilla un matin avec la sensation d'être véritablement seul.

Si Dieu lisait dans nos pensées, celle-ci devait sans doute être celle qu'il attendait.

Au départ, tout semblait comme à l'accoutumée. Mike descendit de voiture pour s'acheter de quoi manger au traiteur chinois dans le quartier de Pacific Palisades. Il y avait foule. Un homme, en sortant, bouscula Mike qui entrait. Il était au téléphone. Il leva les yeux et murmura un « Excusez-moi » d'un air absent, sans s'arrêter.

Mike le regarda fixement.

« Arnie ? », dit-il.

L'homme se retourna, l'oreille toujours collée à son portable.

« Ouais. On se connaît ?

— Peut-être pas. Toutes mes excuses. »

Le type fit un signe de tête et s'éloigna vers sa voiture. Mike resta immobile, dans ses pensées. Il connaissait Arnie. Ils avaient commencé dans les mêmes cabarets. Ils avaient été proches à un moment de leur vie, mais ces dernières années leurs chemins s'étaient séparés.

Comment se pouvait-il qu'Arnie ne l'eût pas reconnu ?

Ces petits riens commençaient à s'accumuler. Mike remarqua qu'on avait cessé de le saluer ou de lui sourire dans la rue. Il avait envie de solitude, de sorte que cet anonymat était le bienvenu. Néanmoins, il trouvait curieux de n'avoir pas été sollicité en trois jours par un admirateur pour un autographe ou une poignée de main.

Le quatrième jour, un événement plus important se produisit. Mike se rendit à un distributeur dans West Hollywood. Il avait besoin d'argent, alors il entreprit d'en retirer au premier distributeur venu. L'automate avala sa carte. Mike tapa sur la machine, puis composa le numéro du service clientèle.

Une femme lui répondit. Mike lui donna le numéro de sa carte, qu'il avait mémorisé.

« Je suis désolée, Monsieur, mais ce numéro n'est pas valide », lui dit-elle d'une voix aimable.

Mike répéta lentement le numéro. En vain. Il lui demanda de rechercher son nom dans la base de données. Aucun résultat non plus. Frustré, il jura à voix basse. Son banquier devrait y remettre bon ordre lundi. Mike prit une autre carte et l'inséra. Là encore, la machine l'avala.

« Bordel de merde. »

Peu après, les bizarreries s'enchaînèrent. Il s'arrêta dans un magasin de spiritueux pour régler une facture. L'employé, un Arabe qui avait l'air de s'ennuyer, regardait du foot sur un récepteur situé en hauteur. Sans détacher ses yeux du match, il inséra le chèque de Mike dans la caisse enregistreuse, qui le recracha.

« Pas valable », murmura l'employé. Et il le lui rendit.

« Il y a de l'argent sur ce compte. Recommencez », dit Mike.

L'employé ne le regarda pas.

« Non, il n'est pas valable. Allez-vous-en. »

Mike prit place dans sa voiture garée sur le parking du magasin. La logique lui disait que toutes ces choses ne pouvaient relever de la simple coïncidence. Alors quel était le message ? Un mouvement de panique lui serra la poitrine, réaction naturelle de la part de quelqu'un qui était sur le point de se voir effacé. Puis des paroles que Francisco lui avaient dites des mois auparavant lui revinrent en mémoire.

La personne que tu penses être est imaginaire. Elle n'existe pas.

La première fois qu'il avait entendu ces propos, Mike n'avait pas réagi. Maintenant, il sentait qu'il se mettait à trembler, et que ce tremblement venait du tréfonds de son être. Il était en train de disparaître. Son moi imaginaire volait en éclat comme des bouts de vieux journaux sous l'effet du vent. Il n'y avait pas d'autre explication.

Il décida d'appeler Dolores. Pendant que le téléphone sonnait, il priait pour ne pas tomber sur son répondeur. Que dirait-il ? En hâte, son esprit passa en revue toutes les possibilités, mais il n'avait pas le temps de mettre au point quoi que ce soit. Il devrait dire les choses telles qu'elles étaient.

« Allô ?

— Chérie, c'est moi. »

Dolores ne répondit pas.

Le jour de la mort de Larry, Mike avait mesuré à quel point un fossé, aussi large que le Grand Canyon, pouvait se creuser entre ce qu'on redoute le plus et ce qu'on espère. Il éprouvait cette même sensation pour la seconde fois.

Dolores finit par demander :

« Qui est au bout du fil ? »

Mike retint son souffle. Tout n'était pas perdu.

« C'est moi, Mike. Tu n'as pas reconnu ma voix ? »

Nouveau silence. Cette fois pourtant, il comprit qu'il n'y avait rien à espérer.

« Je ne sais pas qui vous êtes, Mike, répondit-elle, mais je ne parle pas aux pervers, et je ne suis pas votre chérie. »

Clic.

Mike sentit de la sueur froide perler sur son front. Il l'essuya du revers de la main et démarra la voiture. Il passa l'heure suivante à conduire sans but. Il aurait pu se rendre dans ces cabarets où tout le monde le connaissait. Il aurait pu se pencher par la vitre de sa voiture et faire des signes aux piétons. Il n'en fit rien. Pour une raison tout aussi étrange.

Pourquoi ne pas disparaître ?

La terreur s'évanouissait. Il n'était plus en proie à la panique. C'était même l'inverse. La possibilité de se dépouiller de l'enveloppe qu'il appelait Mike Fellows commençait à lui apparaître une bonne chose, comme pour un serpent ou un papillon de nuit émergeant de sa chrysalide. Soudain, Mike ressentit une profonde lassitude à l'égard de son ancien moi – il n'était rien d'autre qu'une enveloppe usée.

Néanmoins, il lui fallait s'en assurer.

Alicia décrocha au bout de la seconde sonnerie.
« Salut, c'est Mike. Il faut qu'on parle.
— Ne quittez pas, la musique est trop forte. »
Alicia alla baisser le son. L'espace d'une demi-seconde, Mike se demanda s'il s'agissait d'un sursis de dernière minute. Peut-être Dieu lui disait-il : *Tu es sûr de vouloir faire ça ?*

Alicia revint au bout du fil.

« S'il s'agit des droits de propriété intellectuelle, je vous préviens qu'on ne va pas se laisser avoir. Appelez mon avocat. »

Mike respira profondément.

« Non, c'est moi, Mike. Je travaille un nouveau sketch. Tu veux entendre le début ?

— Bon sang, qui êtes... »

Il raccrocha sans lui laisser le temps de finir sa phrase. La ligne fut coupée dans un léger clic, qui sonna aux oreilles de Mike comme un claquement sonore, comme une corde qui se rompt. Il avait eu assez de preuves de sa non-existence. Bienvenue dans l'inconnu. Restait à trouver maintenant comment vivre avec.

On ne peut accélérer le cours des émotions ; Mike se terra pendant une semaine, stores baissés. Sans télévision, sans balade sur la plage. Il essaya de sortir promener Nex un matin, mais elle grogna ; alors il renonça. Il s'accroupit près d'elle.

« Tu connais l'histoire du dyslexique qui meurt et se retrouve en enfer ? murmura-t-il à son oreille. Le type est en état de choc. "Il doit y avoir une erreur, s'écrie-t-il. J'ai fait le bien toute ma vie. Qu'est-ce qui s'est passé ?" Le diable répond : "Tu te souviens de la fois où tu as vendu ton âme au père Noël ?" »

Nex lui jeta un regard malheureux et se cacha dans ses pattes.

Quand Mike donna la chienne à des gamins rencontrés sur la plage, ceux-ci furent tout excités. Mike les regarda l'emmener. Elle ne se retourna pas vers lui et il ne ressentit rien. C'est comme s'il n'avait jamais eu de chien.

Il s'avéra que ce fut la dernière étape. Mike n'essaya pas de vendre sa maison. Il avait suffisamment d'argent de côté pour vivre le temps que quelque chose de nouveau survienne. Il ne pensait pas qu'il serait effacé pour toujours.

De l'extérieur, ce que vivait Mike pourrait s'apparenter à une punition. Pourtant, le sentiment de Mike était tout autre. L'homme seul assis au bout de la jetée de Santa Monica n'était pas solitaire. Il regardait l'océan et pensait *Je suis l'océan*. Il regardait le ciel et pensait : *Je suis le ciel*. Quel que soit l'endroit où il portait son regard, il se voyait. C'était comme quitter une cage pour accéder à une éternité qui s'étendait dans toutes les directions.

Seule une infime pointe de nostalgie venait gâter cette existence sublime. Mike Fellows avait été traité comme un membre de la famille royale au Bel-Air Hotel. Sans cesse, il était tenté d'y retourner, une dernière fois, pour voir.

Un jour, il céda à son impulsion. Une fois là-bas, le voiturier qui prit en charge sa voiture ne lui adressa qu'un regard vide. Le portier lui jeta un simple coup d'œil et reprit sa recherche de taxis. Au restaurant, le maître leva vers lui un visage dénué d'expression.

Puis il sourit.

« Ce Monsieur vous attend », murmura-t-il.

Un serveur en habit conduisit Mike à une table au centre de la pièce, où était assis Francisco.

Mike ne savait que dire.

« Tu es passé de l'autre côté de la ligne », lui dit Francisco alors qu'il s'asseyait.

Sans la moindre hésitation. Mike répondit :

« Oui. Personne ne me reconnaît. Je me suis libéré.

— N'abandonne pas ce monde, répondit Francisco. C'est le bon endroit pour aimer Dieu. Profites-en. »

Mike se sentait étonnamment satisfait. Quand son plat arriva – des superbes asperges à la vapeur nappées de sauce hollandaise – il éclata de rire.

« Quand je regarde l'assiette, je *suis* l'asperge, dit-il. C'est ridicule. Je fusionne avec tout. Tout m'emplit de joie. Je me demande parfois si quelqu'un va me retirer tout ça.

— Non, c'est faux ; tu ne te le demandes pas vraiment », répondit Francisco.

Il n'y avait pas grand-chose à dire pendant le repas, mais vers la fin, Francisco prit la parole.

« Je suis venu pour voir comment tu allais. Raconte-moi.

— Tout est devenu beaucoup plus simple pour moi, dit Mike. Je suis allé là où tu voulais que j'aille.

— C'est-à-dire ? demanda Francisco.

— Au-delà de la peur, tout d'abord. Lorsque j'ai cessé d'avoir peur, je me suis senti en sécurité. Ensuite, au-delà de mon moi. Lorsque j'ai cessé d'écouter mon ego, je n'ai plus rien eu à prouver aux autres. Enfin, au-delà de la dépendance. Lorsque j'ai cessé de désirer le shoot suivant, je n'ai plus été désespéré.

— Et la prochaine étape ? demanda Francisco.

— Je ne sais pas. C'est trop nouveau pour moi, reconnut Mike. Tu peux me le dire ?

— Ce qui est déjà simple le devient plus encore. Ce que tu ressentais avant, c'était du bonheur personnel. Une raison d'être heureux, une raison d'être triste. Mais ce type de bonheur peut t'être retiré à tout instant. Maintenant, tu es heureux *sans* raison. Ce qui est beaucoup plus durable. Sans aucune raison d'aimer ni de détester, tu peux être heureux à l'intérieur de toi. Mais il reste un autre stade à atteindre, au-delà même de ce point. »

Francisco cessa ses explications.

« Je veux que tu comprennes quelque chose qu'il est presque impossible de formuler en mots. Tu as toujours ton cadeau de fin d'initiation ? »

Mike sortit de sa poche un sachet en velours, dont il vida le contenu sur la nappe : une bague en or, une pépite d'or et un sceau en or.

Francisco les désigna l'un après l'autre.

« Je t'ai dit qu'ils étaient le secret du bonheur. Ces trois objets ont appartenu à un riche collectionneur. Lorsqu'il dormait, ces objets se disputaient sans relâche. La bague en or affirmait qu'elle valait plus que les deux autres parce qu'elle était faite pour orner le doigt d'une riche promise. La pépite rétorquait qu'elle avait plus de valeur que les deux autres parce que des mineurs avaient risqué leur vie pour la trouver. Le sceau, quant à lui, justifiait sa supériorité par le fait qu'il avait scellé les messages d'un roi.

Jour et nuit, ils se disputaient, jusqu'à ce que la bague dise :

— Demandons à Dieu. Il décidera qui de nous est le meilleur.

Les deux autres approuvèrent, de sorte qu'ils s'en remirent au Tout-puissant. Chacun argumenta. Dieu écouta attentivement et, une fois tous les arguments exposés, déclara :

— Je suis désolé, mais je ne peux trancher votre différend.

Le sceau en or se mit en colère.

— Comment ça, vous ne pouvez pas trancher ? Vous êtes Dieu.

— C'est le problème, répondit Dieu. Je ne vois ni bague, ni pépite, ni sceau. Je ne vois que de l'or. »

Francisco semblait très ému en racontant cette parabole.

« Tu comprends ? demanda-t-il d'une voix douce.

— L'existence est de l'or pur. Tout le reste est superflu, dit Mike. Que faut-il pour que tout le monde en prenne conscience ? »

La question flottait dans l'air lorsqu'ils quittèrent le restaurant, puis se dissipa parmi les effluves de jasmin et de frangipanier du luxuriant jardin de l'hôtel.

Mike et Francisco s'étreignirent puis se séparèrent. La grâce, voyageant dans tout l'univers, avait infailliblement atteint sa cible. Elle avait allumé chez un être l'étincelle d'une nouvelle vie. Cela pourrait sembler peu, compte tenu des milliards d'habitants sur Terre. Mais comme le disaient les anciens sages – et ils doivent avoir raison – une seule étincelle suffit à embraser toute une forêt.

ÉPILOGUE

Sadie Shumsky ne recevait presque jamais de courrier. Elle vivait dans un minuscule appartement d'une résidence médicalisée aux abords de Newark, dans le New Jersey, où elle avait grandi. Par le passé, elle recevait encore des nouvelles de son frère cadet Sol, qui avait quitté la côte Est il y a fort longtemps et avait réussi à Los Angeles. Puis lui aussi cessa d'écrire.

« Vous avez du courrier, lui dit l'infirmière de service un jour. Remis par coursier.

— Ça doit être de l'argent, répondit Sadie, qui n'en avait quasiment pas.

Elle faillit avoir une crise cardiaque quand elle réalisa qu'il s'agissait bel et bien d'argent, 175 000 dollars. Le cabaret que dirigeait Sol à North Hollywood avait été vendu juste avant sa mort. Le nouveau propriétaire lui avait envoyé – à elle, seule parente encore en vie – l'argent de la vente. Ou plus exactement ses avocats. Le nouveau propriétaire souhaitait garder l'anonymat.

Tout le monde se regroupa autour d'elle pour la féliciter.

« Que vas-tu faire de tout cet argent ? », demandèrent-ils.

Sadie faillit répondre : « Quitter ce trou. »

Mais ils étaient gentils avec elle et quant à quitter cette Terre, autant le faire en bonne compagnie.

Le nouveau propriétaire avait gardé le personnel lorsqu'il avait repris l'affaire à North Hollywood. Il était du genre solitaire et ne venait que très rarement. Le barman et l'hôtesse, qui constituaient à eux deux la totalité du personnel, l'appelaient « Patron », jamais par son nom, ce qui était un peu curieux. Mais il préférait cela.

Le patron n'était là que les vendredis, pour la soirée « scène ouverte aux amateurs ». Il restait au fond de la salle, sirotant une simple bière toute la soirée. Comme dans le bon vieux temps, les numéros étaient principalement constitués d'humoristes du dimanche ou débutants qui n'arrivaient à se produire en public que dans ce type d'occasion.

La moitié d'entre eux quittait la scène sous les huées de l'auditoire avant de pouvoir finir leur sketch, mais le patron riait toujours, même aux plus mauvais gags. Il aimait encourager les nouveaux talents et de temps à autre, ne rechignait pas à y aller de sa poche et à glisser deux gros billets à un humoriste sans le sou.

Soudain, un soir, après le premier sketch, le patron s'approcha du micro. Il tapota dessus.

« Un, deux, trois, test.

— Quoi, toi, tu veux faire un sketch ? demanda quelqu'un.

— Je travaille sur un numéro », répondit le patron. Il s'éclaircit la voix. Le bar était plein ; il avait baissé le prix de la bière. Personne n'en souffrait.

Il prit le micro et se lança, d'une voix hésitante.

« Un prêtre, un pasteur et un rabbin font du golf. »

Le public ne le laissa pas continuer. Il y eut un grognement collectif, suivi de sifflets retentissants.

Le patron poursuivit, se penchant davantage vers le micro.

« Le rabbin dit :
— Je vous parie cent dollars que je peux faire un trou en une passe. »

Toutefois, il ne parvint pas à couvrir le public et personne n'entendit la chute. Bizarrement, les sifflets ne semblaient pas le démonter.

Le patron tint bon pendant toute la durée de son sketch, puis salua et sortit de scène avec un sourire. Il avait l'air de sourire aux anges. C'était très étrange de le voir agir. Vous auriez pensé qu'au milieu de tous les sifflets et les moqueries, il écoutait quelqu'un, quelque part, qui riait à s'en tenir les côtes, qui riait à gorge ou plutôt à aile déployée.

RESSENTIR LA JOIE

Les 10 principes clés

La réalité est-elle conforme à la perception que nous en avons ? Puisque nous acceptons tous l'existence du monde matériel, comment celui-ci peut-il être l'illusion que Francisco décrit à Mike dans *Ce qui fait rire les anges*. Après tout, les montagnes possèdent une masse tangible, l'air permet la vie et notre planète tourne autour de son axe. En fait, « l'illusion » ne porte pas sur tous ces éléments palpables. Le mystique et le matérialiste auront tous deux mal au pied s'ils buttent dans une pierre. Cependant, le mystique croira que cette pierre constitue une projection d'une réalité plus profonde, tandis que le matérialiste considérera que cette pierre est tout ce qui existe – il n'y a pas de réalité au-delà des choses. Pour le matérialiste, les nuages et les montagnes ne sont rien d'autre que des choses, leur beauté n'entrant pas en ligne de compte. Un nouveau-né, lui aussi, est une chose, son humanité étant elle aussi hors de propos. Un monde constitué de choses ne laisse aucune place à une intelligence aimante appelée Dieu qui préside sur la création et lui donne son sens.

Pourtant, sur le chemin de la joie, nous découvrons que le sens constitue le fondement même de la vie. Un bébé n'est une chose que sur le plan le plus superficiel qui soit. En réalité, un bébé est un champ de potentialités infinies exprimant le degré le plus élevé de l'intelligence de la Nature. Je ne considère pas qu'il s'agisse d'une croyance mystique, mais d'une vérité qui se trouve plus en profondeur que l'image superficielle, où la vie apparaît comme un flux d'événements physiques aléatoires. Le sens naît dans la profondeur. Une approche de la vie spirituelle laissant place à l'optimisme constitue aussi une expérience intérieure, fondée sur l'amour, la beauté, la créativité et la vérité qu'une personne découvre au niveau de l'âme.

Lorsque vous vous livrez à cette exploration intérieure, vous utilisez l'intuition. C'est une erreur répandue que de considérer l'intuition dans une opposition totale à la science, mais Einstein lui-même disait que ce qui le séparait des athées était que ceux-ci « ne pouvaient pas entendre la musique des sphères célestes. » En réalité, la science comme la spiritualité relèvent toutes deux de l'intuition, dans la mesure où les plus grandes découvertes scientifiques s'obtiennent davantage par des sauts créatifs qu'en suivant un chemin linéaire de faits établis.

Tous les jours, vous recourez à votre intuition pour obtenir la confirmation que vous êtes en vie ou que les marguerites sont jolies ou encore que la vérité vaut mieux qu'un mensonge. Le cheminement vers la joie consiste à approfondir vos intuitions et à les rendre plus accessibles. Lorsque mon intuition me dit ce que c'est qu'être en vie, je peux dès lors explorer le sens de ma vie, m'interroger sur son origine et sa direction. Heureusement, il n'existe pas de force plus puissante dans l'univers que l'intuition.

En empruntant le chemin de la spiritualité, vous en venez à réaliser certains principes fondamentaux. La réalité se transforme à mesure que ces principes se dévoilent. Une croyance pure n'a pas le pouvoir de transformer les événements autour de vous, contrairement à l'éveil de la conscience. Il s'agit de la même différence que celle existant entre la croyance que vous êtes béni et l'observation effective de l'action de la grâce sur le monde.

Les principes exposés dans les pages suivantes constituent de puissants moteurs de changement. À mesure que cette prise de conscience se fera à l'intérieur de vous, il n'y aura plus de limites à ce que vous pourrez devenir ; la seule certitude est que vous serez transformé(e).

1.

**LE RIRE CONSTITUE LA RÉPONSE
LA PLUS SAINE À LA VIE.**

Ce premier principe sert d'antidote à la peur et à la peine en vous encourageant à vivre votre vie sur un mode joyeux. Lorsque nous nous engageons sur cette voie, la joie peut aller et venir comme de petites étincelles. Pourtant, le rire finira par chasser la souffrance comme autant de nuages de fumée et de poussière. La souffrance représente l'un des aspects les plus persuasifs de l'illusion, mais elle n'en est pas moins irréelle.

Une règle d'or s'applique : *Ce qui est vrai dans le monde matériel est faux dans le monde de Dieu et inversement*. Le monde matériel paraît dominé par les crises et la souffrance ; dès lors, l'attitude la plus saine pour aborder la vie semble être faite d'inquiétude, d'angoisse et de vigilance extrême. Mais une fois que votre conscience se modifie, vous réalisez que la vie elle-même ne pourrait exister sans une créativité sous-jacente et que cet acte de création continu est en soi une expression d'extase. Ces qualités constituent elle aussi le fondement de votre vie.

En fait, la lentille du matérialisme nous transmet la perception la moins exacte du monde, car à travers elle, la conscience nous apparaît comme un à-côté accidentel de la chimie cérébrale ; les pouvoirs de l'esprit, comme un mythe. Assimiler le niveau de réalité le plus profond à la collision d'atomes inertes dans le froid intense de l'univers revient à nier tout ce qui sous-tend la vie et lui donne son prix : la beauté, la vérité, l'art, l'amour, la moralité, le sentiment d'appartenance, la curiosité, la croissance intérieure et un niveau de conscience plus élevé.

Qu'ont donc en commun toutes ces qualités ? Elles se fondent sur l'intuition. Il n'existe aucune preuve objective de la beauté de l'amour ou du fait que la vérité nous libère. Au contraire, ces prises de conscience sont des conséquences de notre expérience intérieure. Sur la voie de la spiritualité, tout relève d'une transformation du niveau de conscience et non d'une collision d'atomes.

Nous sommes donc en présence de deux conceptions opposées du monde luttant pour votre allégeance. Vaut-il mieux opter pour la spiritualité ou le matérialisme ? Dieu représente-t-il un simple complément à l'existence physique ou se trouve-t-il à l'origine même de l'existence ? Le choix à opérer est ardu, car un déséquilibre manifeste existe quant aux preuves. La plupart d'entre nous disposent d'une connaissance personnelle et approfondie du monde matériel, mais d'une connaissance personnelle pour le moins chétive de Dieu. Dieu a beaucoup à prouver. Tout d'abord, il doit apporter la preuve de sa présence tangible et fiable, à la manière d'un rocher ou d'un arbre. Pour que nous puissions prétendre que Dieu soutient la vie, il doit le faire de façon aussi concrète que l'air, l'eau et la nourriture. En d'autres termes, la prise de conscience de Dieu n'est pas une mince affaire. Elle peut prendre toute une vie, si vous avez de la chance.

Pour entamer ce voyage, prenez l'engagement de considérer la possibilité que tout ce qui se trouve autour de vous est bien moins réel que Dieu. Vous voulez voir la vérité « de tout votre cœur, de toute votre âme et de toute votre pensée », comme l'a dit Jésus-Christ. Il s'agit en fait d'un engagement envers la joie. Lorsque vous ressentez un bonheur ponctuel ou que vous avez envie d'éclater de rire ou que vous souriez sans raison apparente, vous faites l'expérience de la réalité éternelle. Lors de cet instant fugace, le rideau se lève et vous expérimentez quelque chose qui se trouve au-delà de l'illusion. Le moment venu, ces instants de joie commenceront à se tisser ensemble. De l'exception, ils deviendront la règle. Il n'existe pas de meilleure façon de savoir que vous progressez dans cette prise de conscience de Dieu.

2.

**IL EXISTE TOUJOURS UNE RAISON
DE RESSENTIR DE LA GRATITUDE.**

Ce second principe est un antidote à la victimisation, dans la mesure où il établit que vous êtes vu(e) et aimé(e). Plus vous prenez conscience de la vérité de ce principe, moins vous croyez être une victime.

Autour de vous, tout concourt à prouver l'ordonnancement de la vie. Une abeille butine de fleur en fleur, se nourrit et pollinise selon un magnifique schéma ordonné. Des milliards d'années d'évolution ont accordé de manière si exquise l'abeille et la fleur qu'elles ne peuvent exister l'une sans l'autre. Dès lors, pourquoi croire que nos vies échapperaient à ce schéma naturel ? L'un des principaux obstacles est que nous nous considérons comme des victimes. Nos corps sont soumis au vieillissement et à la mort. Les accidents sont inévitables. Catastrophes et désastres nous guettent à tout moment, mus par un destin capricieux. Le simple fait d'imaginer les choses terribles qui peuvent nous arriver suffit à nous plonger dans une souffrance égale à celle de ces événements redoutés eux-mêmes.

La posture de victime est une conséquence directe du danger imminent. Si Dieu nous soutient, il se doit alors, sans le moindre doute possible, de renverser ce schéma d'accidents aléatoires qui tous nous met en péril. Il s'agit d'un argument délicat, cependant, car l'abondance existe aussi autour de nous, dans la Nature. Les optimistes soulignent la profusion de vie, de nourriture et de beauté que recèle notre Terre. Or, comment un Dieu aimant peut-il nous offrir toutes les bonnes choses de la vie un jour et nous infliger de la souffrance le lendemain ? La plupart de ceux qui éprouvent cette gratitude envers Dieu ont tendance à nier qu'il est aussi responsable de la maladie, des catastrophes et de la mort. Pourtant, une divinité omnisciente et omnipotente ne peut être responsable que d'une seule partie des choses. Elle est soit la source de tout, soit de rien.

Pour échapper à cette conception d'un Dieu pourvoyeur de bonté un jour et de malheur le lendemain, il convient de prendre conscience que Dieu n'est pas une personne. Notre tendance à personnifier Dieu vient du fait que notre esprit peine à appréhender Dieu en tant qu'abstraction totale. En réalité, étant total, Dieu se doit d'être abstrait. Notre esprit ne peut saisir le Tout. En revanche, il peut saisir les choses que nous percevons et choisir d'y croire.

Si, à la mesure de vos possibilités, vous éprouvez Dieu dans votre vie, reconnaissez-le avec gratitude. Dieu n'a pas besoin d'être remercié : après tout, il a déjà tout, remerciements compris. Toutefois, en optant pour la gratitude, vous choisissez un aspect bienveillant de ce Tout sur lequel vous pouvez vous concentrer.

Le but de la gratitude est de vous permettre de vous connecter à une conception supérieure de la vie. Vous pouvez choisir d'activer soit l'aspect de Dieu qui donne soit celui qui reprend. L'aspect auquel vous accordez votre attention grandit en vous. Si vous privilégiez les aspects de Dieu manifestant amour, vérité, beauté, intelligence, ordre et évolution spirituelle, ils commenceront à s'étendre dans votre vie. Peu à peu, à la manière d'une mosaïque, des fragments disparates de grâce fusionneront jusqu'à former une image complète. Cette image, à son tour, finira par remplacer celle, plus menaçante, que vous avez nourrie au fond de vous depuis votre enfance.

La réalité de notre monde extérieur ne cesse de s'imposer à nous, mais cette réalité, elle aussi, n'est qu'une image créée dans la conscience et projetée vers l'extérieur. Une fois que vous réalisez que vous seul projetez cette réalité, vous n'êtes plus dominé par les événements extérieurs. Vous rectifiez de vous-même l'erreur à la base même de la victimisation, à savoir la croyance que le film vous contrôle et non l'inverse.

3.

**VOUS FAITES PARTIE DU SCHÉMA DE L'UNIVERS.
LA PEUR N'A PAS DE RAISON D'ÊTRE.
VOUS ÊTES EN SÉCURITÉ.**

Le troisième principe constitue un antidote à l'insécurité. Il nous enseigne que, quelle que soit la force de persuasion de la peur, celle-ci ne recèle aucune vérité. On ne peut se fier à la peur.

La vie moderne nous apprend que le respect de la peur représente une composante essentielle à notre survie, un signal biologique qui nous alerte, corps et esprit, face à un danger imminent. Mais les sages de l'Inde ancienne nous enseignent que la peur naît de la dualité ; lorsque les êtres humains prirent conscience qu'ils étaient coupés de Dieu, ils ressentirent immédiatement de la peur face à ce qui pourrait leur arriver. Au XXe siècle, après deux guerres mondiales dévastatrices et l'avènement de la bombe atomique, cette insécurité obsédante s'est vue martelée comme un fait incontournable de la vie et a pris le nom d'angoisse existentielle. Vous et moi sommes les enfants d'une époque où le simple fait d'être en vie s'apparente au risque ultime, ce qui génère en nous de l'angoisse face à qui nous sommes et ce à quoi nous appartenons.

La voie spirituelle vous permet de vous libérer complètement de cette angoisse. Le rejet progressif de la peur s'accompagne de la prise de conscience que la vie ne constitue pas un péril de tous les instants. Vous êtes en sécurité, vous êtes vu et aimé. Ce repositionnement – de la peur à l'absence de peur – nécessite un changement de perspective, car nous baignons dans un climat où il n'est que trop facile de plier devant le tir de barrage constant des menaces potentielles. Les journaux du matin et du soir nous plongent dans un monde obscur secoué par des catastrophes permanentes. Pour contrer ce matraquage, vous devez vous fier à votre boussole intérieure. Prendre conscience que votre sécurité se fonde sur une intelligence supérieure qui se trouve à l'intérieur de vous. Les dangers potentiels ne sont que des illusions. Seul ce qui se trouve devant soi est réel.

Je ne prétends pas que l'existence puisse être expurgée de tous ses malaises et des soudains revers de fortune. J'offre la possibilité d'appréhender l'existence dans une perspective différente. Vous vous sentirez en sécurité lorsque vous aurez pris conscience que Dieu vous a donné tout ce dont vous avez besoin pour faire face aux défis de la vie quels qu'ils soient. Vous êtes le principal acteur de votre vie personnelle. Autour de vous se trouve une scène bien plus grande, et si vous traversez des moments dangereux sur cette scène-là, il ne s'agit pas de nier que le danger existe. Toutefois, cette perspective n'a rien de commun avec l'approche consistant à penser que vous vous trouvez en pleine tourmente avec une catastrophe imminente pour seule issue. Il va s'agir de prendre votre place avec confiance sur cette scène. Les choses sont comme elles doivent être.

Le rôle qui vous est assigné est juste et approprié. Il est fait sur mesure pour vous, pour votre moi entier. Et votre moi entier ne se contentera pas d'une existence apathique et sans histoires. Le fait que la vie ne soit pas dépourvue de risques ne modifie rien au fait qu'elle est pilotée par des choix effectués au niveau de l'âme. La voix de la peur tente de vous persuader que vous n'êtes qu'une victime impuissante du hasard. Or, c'est l'inverse qui est vrai. Au niveau le plus profond, celui de votre âme, vous êtes le créateur de tout ce qui vous arrive.

4.

**VOTRE ÂME CHÉRIT LE MOINDRE
ASPECT DE VOTRE VIE.**

Le quatrième principe est un antidote à la mauvaise estime de soi. Il pose que votre valeur est absolue et que tout ce qui vous arrive – que les événements semblent ou non positifs sur le moment – participe d'un plan divin agencé au niveau de l'âme.

Comme nous l'avons vu, il convient d'inverser les valeurs qui pilotent le monde matériel si vous voulez prendre conscience de Dieu. Dans la perspective conventionnelle, l'estime de soi équivaut à avoir un ego fort. Les personnes dotées d'un ego fort ont de l'assurance. Elles aiment triompher des obstacles. Elles relèvent des défis et, en contrepartie, la vie leur confère argent, statut et biens matériels, en d'autres termes des récompenses extérieures pour des réussites qui le sont tout autant.

De ce point de vue, il en devient presque embarrassant que Jésus-Christ enseigne exactement l'inverse : pour être aimé de Dieu, il convient d'être innocent, humble et au service de tous les hommes. Mais les conceptions du Christ rejoignent celles des traditions de grande sagesse, pour lesquelles la valeur d'une personne ne change pas à la faveur de ses réussites et de ses récompenses extérieures. La valeur d'une personne tient à la valeur de son âme, qui est infinie. Dans la mesure où le moindre événement de votre vie n'arrive pas simplement à une personne mais à une âme, tout dans la vie se doit d'être chéri.

Tous, nous savons que la vie est faite de hauts et de bas, qui se traduisent par des fluctuations correspondantes dans l'estime que nous avons de nous-mêmes. Napoléon était un titan lorsqu'il remportait des batailles mais un nain après Waterloo. Dans un monde qui change, nous, conduits par nos ego, ne semblons être que des marionnettes ballottées au gré des circonstances. Pourtant, du point de vue de l'âme, le changement se produit sur une toile de fond d'absence de changement ; la base de l'existence est éternelle, immuable, stable et globale.

Comment se détourner de cette perception de changements omniprésents ? Je suis extrêmement dubitatif envers les personnes qui déclarent sentir la présence réelle et immédiate de Dieu, de Jésus ou de leur âme. Il s'agit de perceptions extrêmement avancées sur la voie spirituelle, non des premières portes à s'ouvrir. Je sais en revanche que je peux faire l'expérience de moi-même, de sorte que ma tâche va plutôt consister à découvrir la partie immuable en moi. Manifestement, mon esprit change à tout moment, sous l'effet du flot des pensées, tout comme mon corps, sous l'effet du renouvellement des cellules ou des battements de mon cœur. Dès lors, c'est ailleurs que doit me conduire la recherche du non-changement.

C'est sur ce plan que la méditation révèle sa plus grande utilité. La méditation entraîne un changement de focalisation. Au lieu de vous concentrer sur la surface de l'esprit, qui grouille de changements constants, vous allez plus en profondeur pour faire l'expérience du silence. En soi et pour soi, le silence n'a aucune utilité. La vie est action et réaction, non détachement silencieux. Le silence intérieur en revanche possède une profondeur bien plus grande : c'est la conscience consciente d'elle-même, également dénommée pleine conscience.

Dans ses profondeurs silencieuses, votre esprit sait tout ce qui se passe. Le temps se ramasse en un seul point focal, où, de façon immuable, vous faites l'expérience du « Je suis. » Il ne s'agit pas de connaissance passive, mais du centre du tout, la source de toute l'activité qui émerge sous forme de pensées, de sensations et d'événements extérieurs. Le silence est la matrice de la création. Dès lors, la méditation se conçoit comme un événement créatif par lequel vous vous revendiquez comme l'auteur de votre vie.

Nous mesurons mieux maintenant ce qu'une méditation permanente implique, à savoir conserver constamment sa vivacité et sa pleine conscience. Lorsque vous disposez de la paternité de votre moi, vous sortez du silence et plongez dans l'activité pour écrire votre propre histoire. Sur ce plan, il n'existe aucune différence entre méditer et vivre dans le monde. Les deux constituent des expressions de la conscience, la première silencieuse, la seconde, active. Vous disposez maintenant de deux formes d'attention, l'une dédiée au changement, l'autre au non-changement. Cette modification de l'état de conscience est la clé qui vous permet de vivre sur le plan de l'âme.

5.

UN PROJET EXISTE,
ET VOTRE ÂME LE CONNAÎT.

Le cinquième principe sert d'antidote à l'absence de sens. Il pose que votre vie a un sens. Ce sens est défini au niveau de votre âme, puis se manifeste au jour le jour comme composante du plan divin. Plus vous êtes connecté à ce plan, plus sa force s'accroît dans votre vie, jusqu'à ce que rien ne puisse l'arrêter.

Lorsque j'écris sur le cheminement spirituel, il arrive toujours un moment où j'aimerais me dispenser de la terminologie usuelle et des mots comme « âme », « Dieu » et « esprit ». Comme il n'existe qu'une seule réalité, nous n'avons nul besoin d'un vocabulaire distinct et courant pour l'existence quotidienne et d'un autre, spécial, pour qualifier ce plan d'existence supérieur. Soit tout relève de la spiritualité, soit tout en est dépourvu. Pour Dieu, marcher sur l'eau n'est pas plus miraculeux que la capacité de l'hémoglobine à se lier à l'oxygène au sein d'un corpuscule de sang. Aucune de ces manifestations ne se voit facilement et les deux participent du schéma de la création qui se déploie à l'infini.

Une vie pleine de sens pourrait sembler plus proche de Dieu qu'une vie passée dans une confusion dénuée de signification. Le dualisme exerce une forte emprise sur l'esprit, et nous ne pouvons nous empêcher de raisonner en termes de haut et de bas, de mieux et de pire. La difficulté réside dans l'appréhension que Dieu, qui ne désire rien, n'exige rien non plus de nous. En termes spirituels, aucune vie n'a plus de valeur qu'une autre. Le voleur d'aujourd'hui renaîtra comme le saint de demain et inversement.

Tout le monde joue un rôle dans le plan divin. Comme Dieu est à l'intérieur de vous, vous disposez du droit le plus absolu de choisir vous-même ce rôle au sein de ce plan. Comment s'articule-t-il de manière concrète ? Une de ses composantes essentielles nous est donnée par la perception.

Nourrisson, vous perceviez et vous vous perceviez de façon limitée. Ce que vous ne pouviez prendre en compte ni comprendre vous était apporté par vos parents. Ils vous ont nourri jusqu'à ce que vous soyez à même de le faire, vous ont fourni un abri jusqu'à ce que vous puissiez vous le procurer seul, et ainsi de suite. À mesure que vos capacités se développaient, votre perception de vous et du monde s'est modifiée. En d'autres termes, chaque pas de plus vers l'auto-suffisance s'est accompagné d'une modification de votre perception.

Il en va de même pour le plan divin. Tout d'abord, le pouvoir dont nous disposons est extrêmement limité. L'ego pense devoir assurer son autosuffisance en prenant ce qu'il veut et en rejetant le reste. À ce stade, la perception se limite à l'individu ; le champ de vision est relativement restreint. Prime tout ce qui se met au service du « je, moi, à moi ». L'ego n'a aucune considération pour la façon dont le moi est connecté au reste. De façon ironique, ce stade où nous conférons à des forces extérieures l'autorité de dicter les événements est celui où l'ego a le sentiment d'être le plus puissant.

L'extension de la perception s'accompagne d'une expansion du potentiel intérieur. Autour du moi s'élargit un cercle, plus large, incluant le « je, moi, à moi » dans toutes les directions. Dans le plan divin, il n'existe aucune limite à l'expansion de la personne au niveau de l'âme. Vous commencez à mesurer le degré incroyable d'organisation de la création, avec ce soin parfait et cette intelligence infinie. Comme Dieu est doté d'une intelligence infinie, plus votre perception s'étend, plus vous vous rapprochez de lui. Nul besoin de chercher, simplement de voir.

En définitive, tout est déjà Dieu : dès lors, il va simplement s'agir d'accroître sa capacité à voir en profondeur jusqu'à ce que Dieu nous soit révélé. La vision que vous développez est en accord avec les aspects les plus subtils de la beauté et de la vérité. L'une des grandes grâces de l'existence est que tout le monde naît avec le désir de voir plus. Raison pour laquelle les grands sages de l'Inde croyaient que le simple fait de penser à Dieu constituait déjà un signe de sa manifestation future. En fait, il s'avère que l'expansion de conscience *constitue* le plan divin. Il n'en existe pas d'autre. L'expansion de votre conscience s'accompagne de la certitude grandissante que vous aussi faites partie de ce plan divin. Rien de plus n'est exigé de vous, ni ne l'a jamais été.

6.

**L'EXTASE CONSTITUE L'ÉNERGIE DE L'ESPRIT.
ELLE EST NATURELLE
LORSQUE LE FLOT DE LA VIE
CIRCULE LIBREMENT.**

Le sixième principe constitue un antidote à l'inertie. Il pose que vous disposez d'une énergie infinie. Vous êtes cocréateur/cocréatrice avec Dieu. Pour disposer de ce pouvoir créatif, il vous suffit de vous connecter aux énergies primaires à l'intérieur de vous.

Comment savez-vous que vous êtes connecté(e) à Dieu ? L'un des signes les plus évidents concerne la circulation de la vie à l'intérieur de vous. Si vous vous sentez bloqué, si l'inertie et l'habitude dirigent votre quotidien, alors la connexion que vous entretenez avec Dieu est ténue. En revanche, si vous êtes certain que ce que vous attendez de la vie se manifeste jour après jour, vous entretenez une connexion forte avec Dieu. La circulation créative est la règle fonctionnelle du cosmos.

L'énergie, à l'instar de la création, prend d'innombrables formes. Sur la voie de la spiritualité, vous découvrirez de nombreuses formes d'énergie. La plupart du temps, nous nous fondons sur des énergies superficielles générées par le moi : colère, peur, compétition, désir de réussir et amour qui nous fait nous sentir désirable. Il n'y a ni bien ni mal en matière d'énergie, mais l'ego cède à l'illusion que seuls la colère, la peur, le désir de réussir etc. sont réels. Il ne distingue nullement entre énergies faibles et élevées, raison pour laquelle l'ego devient si isolé.

Les énergies basses régissent le corps et ses fonctionnements complexes. Le qualificatif « bas » peut prêter à confusion, dans la mesure où l'intelligence du corps n'a pas une valeur moindre dans la création, mais en dépit de son étonnant pouvoir organisationnel, le corps est heureux de s'en remettre à la conduite de l'esprit. L'intelligence du corps est humble, sans besoin de dominer ni de réussir ; pour le corps, s'intégrer de manière parfaite à l'ordre naturel suscite une joie suffisante. L'ego aurait beaucoup à apprendre du corps, mais il le fait rarement.

Simultanément, l'ego se coupe aussi de ses énergies supérieures, qui regroupent les forces subtiles de l'âme : amour, compassion, vérité et connaissance de Dieu. L'âme n'a aucune raison d'entrer en compétition avec l'ego, car l'âme a déjà atteint la position la plus élevée dans la création, à savoir l'unité avec Dieu. Comme les cercles des anges dans les peintures chrétiennes du Moyen-âge, l'âme se satisfait de l'expérience de sa propre extase et de sa célébration infinie. L'ego croit à tort qu'une telle grâce relève du domaine de la fiction ou qu'elle ne peut être atteinte que par l'intermédiaire de facteurs extérieurs : plus de sexe, d'argent, de statut et de biens matériels.

Enfin, il existe la plus subtile de toutes les énergies, le matériau d'origine d'où tout découle. Cette énergie se trouve sur cette ligne ténue séparant l'existence de la non-existence. Il s'agit du premier frémissement de l'impulsion créative, le premier bruissement de la pensée de Dieu. Dans les traditions plus spirituelles, cette vibration est dénommée le « Je suis ». Rien ne peut exister sans elle, pourtant, rien n'est plus délicat. Lorsqu'elle est expérimentée par la personne, c'est de l'extase pure ou de la béatitude-pleine conscience.

La palette complète de ces énergies alimente votre vie et se trouve à votre disposition. Cependant, le type d'énergie auquel vous pouvez recourir à un moment donné dépend de votre niveau de conscience. Au niveau primaire, si quelqu'un veut une pomme, il doit travailler pour obtenir l'argent qui lui permettra d'en acheter une. À un niveau plus subtil, quelqu'un arrivera dans la pièce avec une pomme dans la main. Au niveau le plus subtil, cette pomme apparaîtra. L'ego – et plus largement le monde dans son ensemble – ne croit qu'au niveau d'énergie le plus rudimentaire. Mais tous, de temps à autre, faisons l'expérience d'énergies subtiles, lorsque des souhaits se réalisent, que des désirs s'expriment et que des forces invisibles semblent être enjeu.

Sur la voie de la spiritualité, une personne s'aventure dans des domaines de plus en plus subtils de l'esprit ; à chacune des étapes, de nouveaux niveaux d'énergie deviennent disponibles. En dernier lieu, lorsque l'unité avec Dieu est atteinte, toutes ces énergies sont disponibles. À ce moment-là, vos souhaits et vos désirs sont les mêmes que ceux de Dieu. Vous avez toujours été un cocréateur potentiel et lorsque vous prenez conscience de Dieu, ce potentiel se voit pleinement activé. Tout ce que vous imaginez vient à exister de manière spontanée, aussi facilement que la pensée elle-même. Il ne peut en être autrement, dans la mesure où, dans l'unité, pensée et chose sont identiques.

7.

**IL EXISTE UNE SOLUTION CRÉATIVE
À TOUS LES PROBLÈMES.
CHAQUE POSSIBILITÉ RECÈLE
UNE PROMESSE D'ABONDANCE.**

Le septième principe constitue un antidote à l'échec. Il pose que toutes les questions ont une réponse. La seule raison expliquant qu'un problème survienne avant sa solution est que nos esprits sont limités : nous pensons en termes de séquences, d'avant et d'après. En dehors des limites étroites du temps, problèmes et solutions se présentent de manière simultanée.

La société moderne est orientée vers la résolution de problèmes. Nous sommes entourés de battants qui se consacrent à la découverte de nouvelles manières de faire ; la croyance en une poursuite infinie du progrès est fortement enracinée. Il n'en demeure pas moins que, pour une large part, cette croyance n'est qu'une forme de distraction. En nous intéressant aux plus récentes avancées de la technologie, à la dernière merveille technique, à l'ultime percée médicale, nous perdons de vue des problèmes plus profonds qui n'offrent aucune solution. Bouddha a mis en lumière le problème de la souffrance ; Jésus, celui du péché et du manque d'amour, Gandhi, l'absence de paix dans un monde de violence. Quelle nouvelle technologie m'empêchera d'attaquer mon ennemi ? Quelle avancée médicale me conférera la capacité d'aimer aussi mon voisin ?

En regardant autour de vous, vous mesurerez à quel point les solutions externes se sont révélées futiles. Crimes, famines, guerres, épidémies et pauvreté continuent de nous mettre en échec, ce qui n'empêche pas nos sociétés de leur allouer toujours plus d'argent, comme si une approche qui ne fonctionne pas finira par donner des résultats si nous persistons. Sur la voie de la spiritualité, vous découvrirez que tous les problèmes puisent leurs racines dans la conscience, de sorte que leur résolution ne peut résider que dans une modification de cette conscience.

Si vous deviez goûter le bonheur parfait sur le plan de l'âme, en accord parfait avec Dieu, à quoi ressemblerait-il ? Pour dire les choses simplement, aucun effort ne serait nécessaire. Pour atteindre ce bonheur sur le plan de l'âme, trois éléments sont nécessaires :

Agir sans efforts.
Ressentir de la joie dans ce que vous faites.
Vos actions entraînent des résultats.

Ces trois prérequis doivent être à l'œuvre simultanément pour que vous puissiez faire l'expérience du bonheur voulu par Dieu. Ce bonheur est déjà visible dans le royaume de la nature, où toutes les créatures agissent de manière spontanée et où pourtant la moindre action soutient toute l'écologie du système. Les êtres humains, en revanche, évoluent principalement dans un paysage mental. La vision que nous avons de nous-mêmes détermine nos actions ; l'environnement physique vient (au mieux) en seconde position et nous attendons qu'il s'adapte à nos exigences.

Dans la Nature, le moindre défi a sa réponse. Les mammifères sont apparus à l'extinction des dinosaures. Quand la fougère disparaît au profit des fleurs, les insectes apprennent à se nourrir du pollen. Création et destruction vont de pair, en lien constant. Cette même fluidité d'interaction est aussi possible dans un système écologique mental. Dans les états supérieurs de conscience, aucun fossé ne sépare un désir de sa réalisation. Nous sommes peu nombreux à faire l'expérience de cet état spontané. L'état conventionnel de séparation n'est fait que de fossés et d'absence de continuité. Les désirs semblent conduire à l'échec. Les plans les mieux élaborés échouent, ce qui ne fait qu'accroître notre sentiment de séparation.

Vous pourriez penser que des efforts héroïques sont nécessaires pour résoudre les problèmes auxquels nous sommes confrontés. Or, sur le plan spirituel, c'est l'inverse. La perspective de l'âme n'est pas celle de la lutte et de l'absence de résultats. Ni celle de l'échec. Il vous suffit simplement de mesurer vos actions à l'aune des trois éléments mentionnés plus haut.

Est-ce que j'agis facilement, sans lutte ?
Est-ce que j'aime ce que je fais ?
Les résultats viennent-ils tout seuls ?

Si la réponse à ces questions est « oui », vous cheminez dans la bonne direction sur le plan spirituel ; si vous répondez « non », vous n'êtes pas sur la bonne voie.

Un de mes amis a prodigué pendant des années argent et conseils à sa famille. Il est le seul de quatre frères à être allé à l'université et à avoir réussi comme médecin. Il fait preuve d'une belle assurance, se montre prompt à proposer des solutions et, pendant des années, il pensait savoir ce que ces frères, moins chanceux, devaient faire de leurs vies.

Dernièrement, une crise a éclaté. Les frères, qui n'avaient jamais été très bons pour trouver du travail, commencèrent à accumuler des dettes. Ils réclamaient des sommes de plus en plus importantes à mon ami et se mirent en colère quand ce dernier menaça de couper les fonds.

« Lis ça, me dit-il, amer. Il parlait d'un courrier électronique envoyé par son frère cadet. Il dit que si je ne lui donne pas d'argent, je me rends coupable de mauvais traitement. »

Je l'interrogeai sur la gratitude, le cas échéant, exprimée par ses frères au fil des ans. Mon ami secoua la tête. « Ils ont pris mon argent et m'ont totalement ignoré. »

— Pourtant, tu continues sur ta lancée, soulignai-je.

— Il le faut bien. Je ne peux pas supporter l'idée que mes frères vivent de l'aide sociale ou finissent en prison après un acte désespéré », répondit-il.

À ce stade de notre conversation, je mentionnai les trois critères de l'action :

« Est-il facile pour toi d'aider tes frères ? demandai-je.

— Non, reconnut-il. Ils n'ont pas ménagé leur opposition.

— T'occuper d'eux te rend-il heureux ?

— Non ».

Il se sentait frustré et malheureux. Il avait souvent pensé à changer de numéro de téléphone pour ne plus avoir à leur reparler.

Je posai enfin la dernière question :

« Est-ce que tu obtiens des résultats ? »

Manifestement, ce n'était pas le cas. Au lieu d'améliorer leur vie, l'argent et les conseils de mon ami ne contribuaient qu'à les maintenir dans leurs modes d'action.

Lorsque la raison, l'élaboration, la lutte, la persuasion et la force ne parviennent pas à modifier une situation, il est temps de se poser les trois questions simples que j'ai adressées à mon ami. Tout ce que vous et moi pouvons faire est d'assumer notre rôle dans le plan divin. Une intelligence infinie fournit des solutions à tous les problèmes. Dans le cas des plantes et des animaux, l'écologie s'équilibre automatiquement, la plante et l'animal n'ont qu'à jouer leur rôle. Les êtres humains sont bien plus ambitieux : nous voulons créer nos propres visions et les réaliser, ce qui complique passablement les choses. Néanmoins, les mêmes lois fondamentales continuent de s'appliquer.

Le moment semble tout indiqué pour aborder l'un des reproches adressés de manière récurrente aux personnes s'engageant dans la voie de la spiritualité, à savoir qu'elles font preuve d'égoïsme et de complaisance et que, dans un monde asphyxié par les problèmes, elles ne pensent qu'à leur bien-être, sous couvert de Dieu. En réalité, cette critique revient à dire que l'ego leur dicte leurs actions, comme il le fait pour tout le monde. Cette critique s'avère parfois fondée. Si vous envisagez le cheminement vers Dieu comme une voie menant à la plus grande des récompenses, le gros lot entre tous, l'ego, dans ce cas-là, est bel et bien aux commandes.

Néanmoins, lorsqu'un cheminement spirituel nous entraîne au-delà du culte du « je, moi, à moi », l'expansion de conscience transcende les limites de la séparation. Vous commencez à vous appréhender non plus comme être isolé, mais comme élément du tout. Il devient possible d'aider les autres comme vous vous aideriez vous-même, non en raison du bien-être induit par le service et la charité, mais parce que vous avez conscience que vous et vous seul êtes la personne à laquelle vous rendez service. L'ego est capable d'offrir ses services aux pauvres et aux personnes en souffrance, mais dans ce cas, il répond à une autre motivation : en donnant aux autres, il se sent supérieur.

Je connais d'innombrables personnes à la sincérité indubitable qui évaluent leurs récompenses en termes de paix, de compassion et d'intimité avec leur âme. La croissance spirituelle ne nécessite pas une vie au service des autres, qui peut s'avérer tout aussi malheureuse et égoïste qu'une autre. Néanmoins, j'émettrais l'hypothèse que les personnes en recherche spirituelle font davantage pour soulager la souffrance humaine que les gouvernements. Le moindre pas vers la prise de conscience de Dieu bénéficie à l'humanité tout entière.

8.

**LES OBSTACLES SONT
DES OPPORTUNITÉS DÉGUISÉES.**

Le huitième principe constitue un antidote à l'intransigeance. Il pose que les obstacles sont des signaux envoyés par la conscience pour nous inciter à changer de direction, à suivre une autre piste. Si votre esprit est suffisamment ouvert, il percevra la prochaine opportunité qui se présentera.

Lorsque l'ego rencontre un obstacle, il y répond par un surcroît de force. Le monde de l'ego est un champ de bataille où il est nécessaire de lutter pour gagner. Indubitablement, cette attitude peut apporter des résultats – tous les empires se sont battis grâce à la force de la conquête – mais le prix à payer est exorbitant : la marée des guerres, des combats et de la destruction ne cesse d'enfler. Face à une attaque, la tentation est forte d'adopter les armes de l'ego en guise de représailles. Combien de mouvements pacifistes sont-ils constitués d'activistes véhéments ? Combien d'écologistes aiment la Terre mais haïssent ceux qui la pillent ? Dans une phrase célèbre, Mère Teresa déclarait qu'elle ne souhaitait pas rejoindre un mouvement anti-guerre, car ce n'était pas la même chose qu'un mouvement pour la paix.

Le monde de l'ego représente un obstacle massif à la croissance spirituelle. Dès lors, la disposition au compromis est une nécessité absolue. La résistance interne sera votre opposant constant, et vous expérimenterez des victoires et des moments de joie ponctuels. Pour éviter le découragement, vous devrez prendre conscience que les obstacles proviennent de la même source que le reste. Dieu n'est pas seulement présent dans les bons moments. Une intelligence infinie a trouvé un moyen d'intégrer chaque heure de votre vie à un plan. Au jour le jour, il est impossible d'appréhender l'incroyable complexité des connexions entre votre vie et l'univers. Tout l'univers a dû s'allier pour créer ce moment précis dans le temps.

Il vous est impossible de planifier à l'avance comment répondre au prochain défi ; pourtant, la plupart des gens s'y efforce. Ils se protègent contre des scénarios du pire, s'agrippent à une palette restreinte d'habitudes et de réactions, limitent leur vie à leur cercle familial, amical et professionnel. Si ménager ses ressources confère un peu de sécurité, cette attitude écarte complètement l'inconnu, ce qui équivaut à se dissimuler à soi-même son potentiel. Comment saurez-vous ce dont vous êtes capable si vous ne vous ouvrez pas aux mystères de la vie ou si vous vous fermez à la nouveauté ? Pour que la vie conserve à tout instant sa fraîcheur, il est indispensable d'adopter des réactions qui vous libèrent de vos schémas établis.

Le secret consiste à renoncer à ses vieilles habitudes et à avoir confiance en la spontanéité. Par définition, la spontanéité ne peut se planifier. Elle ne le doit pas non plus. Toutes les fois où vous vous surprenez à réagir d'une façon habituelle, arrêtez. Ne cherchez pas à trouver une nouvelle réaction, ne tombez pas non plus dans l'extrême inverse. En revanche, accueillez l'ouverture. Allez à l'intérieur, soyez avec vous-même et autorisez la réaction suivante à se manifester d'elle-même.

On demandait un jour à un compositeur célèbre de Broadway où il trouvait ses fabuleuses mélodies. On racontait qu'il lui était arrivé de se garer alors qu'il était en plein trafic pour composer un tube. Quel était son secret ? « Attendre, laisser venir et obéir », répondait-il.

CQFD.

9.

**LE DÉSIR CONSTITUE LE VECTEUR
DE L'ÉVOLUTION.**

Le neuvième principe constitue un antidote à l'hypocrisie. Il nous encourage à suivre nos désirs authentiques, qui nous ouvrent la voie à la croissance véritable. Ne prétendez pas être meilleur(e) – ou autre – que vous n'êtes. Ne tombez pas dans le piège consistant à avoir un visage pour le monde et un autre pour Dieu. Vous êtes exactement qui vous devez être.

Le désir se pose comme un problème majeur pour nos contemporains, tiraillés dans des directions opposées. L'une de ces directions pousse à nous libérer des valeurs anciennes, tandis que l'autre cherche à les préserver. La polarisation qui en résulte se manifeste dans toutes les sphères de la vie, notamment sociales et politiques. Les pratiquants se considèrent comme vertueux, responsables et obéissants à la volonté de Dieu. Ils regardent tous ceux qui ne sont pas comme eux comme des personnes dépourvues de valeurs et, dès lors, indignes de l'amour de Dieu. En refusant Dieu à tous ceux qui se sont écartés du chemin de la vertu, les dévots, involontairement, assument un rôle qui n'appartient qu'à Dieu.

Ce schisme se manifeste également dans nos conflits intérieurs. Au fond, la pression des valeurs anciennes va dans le sens de la restriction. Son Dieu est critique et ses exigences doivent être suivies à la règle. En d'autres termes, le rôle de l'esprit est de réprimander la chair et de garder ses appétits sous contrôle. La force de la libération, quant à elle, évoque un Dieu de tolérance qui aime sa création et qui, en retour, ne demande que de l'amour. Pour dépasser ce schisme, il nous faut prendre conscience que Dieu ne manifeste aucune exigence et ne définit aucune limite d'aucune sorte, qu'il s'agisse de la pensée, de la parole ou de l'action.

Au début du chemin, peu importe que vous soyez dévot ou athée. La contrainte constitue le point commun de ces deux attitudes. L'état qui prédomine génère en nous une vision étriquée, que nous avons tous en commun. Comment Dieu veut-il que nous nous développions, dans quelle direction, suivant quels principes ? Aucun. Vous vous développez de la façon dont vous le souhaitez, en suivant vos propres désirs. Vous avez d'ores et déjà planté les bonnes graines. Les choses qui suscitent en vous l'intérêt le plus profond jouent le rôle de Dieu ; vous ressentez à leur égard une attraction irrésistible.

Le monde visible, dans tous ses aspects, est un symbole de Dieu. Vous pouvez regarder le ciel un beau jour de juin, resté collé devant un match de football à la télé ou regarder dormir votre enfant dans son berceau. Ce qui vous captive tente aussi de vous réveiller. Ou, comme le disait de façon plus directe un de mes amis : « Si tu ne sais pas où tu vas, peu importe l'endroit où tu commences. » Une impulsion d'amour, lorsqu'elle est suivie là où elle mène, va en s'épanouissant et en s'intensifiant, pour en définitive se révéler comme divine. Tout comme une impulsion de gratitude, de compassion, de gentillesse, de charité, de foi, de dévotion, d'appréciation, d'art et de science. Quelle que soit la direction dans laquelle l'esprit humain souhaite s'étendre, il rencontrera Dieu au bout du chemin.

10.

**LA LIBERTÉ SE TROUVE
DANS LE LÂCHER PRISE.**

Le dixième et dernier principe constitue un antidote à la fixation. Il nous rappelle que l'acharnement n'est pas la voie qui mène à Dieu. Si vous lâchez ce qui n'est pas réel dans votre vie, le reste le deviendra : ce qui reste est Dieu lui-même.

Au fil des ans, je me suis aperçu que le lâcher prise déroutait les gens. Ceux-ci sont désireux de lâcher prise sur des choses qui induisent douleur et souffrance, mais par une sorte d'ironie perverse, les chaînes refusent de céder. Des épouses maltraitées ne quittent pas leur conjoint. Les drogués recherchent toujours plus de ce qui les détruit. La colère, la peur et la violence mènent l'esprit à la baguette, même lorsqu'une personne a tenté de toutes ses forces d'y renoncer. Comment lâcher prise sur des choses qui vous enchaînent avec autant de pouvoir ?

Dire à une personne qui se retrouve ainsi bloquée de « lâcher prise » est aussi vain que de demander quelqu'un en proie à une crise d'hystérie de « se calmer ». Les choses négatives nous collent car elles sont liées à une énergie sous-jacente qui refuse de s'en aller. Les personnes coléreuses n'ont besoin d'aucune raison pour se laisser aller à leur colère, simplement d'un prétexte pour libérer l'énergie contenue qui les maintient dans cet état de constante ébullition. Les anxieux sont en proie à une angoisse intérieure, qui porte non sur une chose spécifique, mais sur la peur elle-même. Pour vous libérer, il vous faut trouver un moyen de relâcher cette énergie bloquée qui ne cesse de vous envoyer les mêmes messages éculés. Cette capacité à lâcher prise est plus complexe qu'il n'y paraît, mais rien n'est plus essentiel.

Intéressons-nous de manière plus approfondie à la colère et à la peur, ces deux énergies émotionnelles qui nous harcèlent sans relâche. Le lâcher prise sur la colère et la peur requiert un processus, qui inclut les phases suivantes :

Soyez vigilant/vigilante. Reconnaissez ces sentiments de colère ou d'angoisse. Résistez à l'impulsion de les fuir et de les dissimuler. Plus vous serez à l'écoute, plus il sera facile d'avoir accès à cette énergie bloquée pour la libérer.

Soyez objectif/ objective. Si vous vous identifiez à la négativité, vous ne pourrez jamais vous en détacher. Apprenez à considérer la colère uniquement comme une énergie, comme de l'électricité. L'électricité n'a rien à voir avec vous. La colère non plus. Elle est universelle et se colle à tout ce qui semble injuste ou abusif. La peur, quant à elle, s'agrippe à tout ce qui semble dangereux ou suscite de l'insécurité.

Détachez-vous du particulier. Les énergies s'accolent à des situations spécifiques : une personne percute votre voiture avec son véhicule, passe devant vous à la caisse du supermarché ou vous extorque de l'argent. Il s'agit là de contenus situationnels, de spécificités, et vous ne pouvez pas vous libérer complètement de cette énergie en vivant uniquement dans ces moments. Imaginez que vous

vous disputiez avec votre conjoint. Vous êtes certain d'être dans le vrai. Mais si vous refusez d'arrêter d'être en colère tant que votre conjoint n'admet pas : « J'ai eu tort, c'est toi qui avais raison depuis le début », vous risquez d'attendre éternellement. Par ailleurs, votre colère risque de ne pas disparaître totalement quand bien même votre conjoint vous présenterait ses excuses. Apprenez à vous détacher du contenu spécifique d'une situation et à libérer seul votre colère, pour votre propre bien.

Assumez vos responsabilités. Cette étape va de pair avec le détachement. Votre énergie est à vous et à personne d'autre. En termes spirituels, peu importe qui a raison et qui a tort, qui est l'agresseur et qui est la victime. Ce qui compte est comment vous pouvez recouvrer votre liberté. Dans un monde fait d'oppositions, le vrai et le faux se livrent une bataille continuelle. Votre rôle consiste à vous libérer de cette énergie qui s'est collée à vous quelle qu'en soit la raison. Une fois que vous assumez cette responsabilité, vous ne serez plus ballotté au gré des circonstances.

N'attendez pas qu'on le fasse à votre place. Indubitablement, le divin nous guide ; toutefois, la route de la liberté passe par le moi. Nous sommes nombreux à espérer trouver de la force chez les autres, et non en une quelconque instance divine. Il n'en demeure pas moins que tout ce que vous possédez pour ce cheminement spirituel est votre esprit, votre corps et votre âme. Quand bien même les autres peuvent vous offrir réconfort et soutien, vous seul pouvez décider d'entreprendre ce voyage à l'intérieur de vous-même.

Impliquez votre corps. Le lâcher prise ne se résume pas uniquement à un processus mental. En réalité, le passé s'est métabolisé et inscrit dans votre corps ou, pour le dire autrement, « Nos enjeux nous travaillent au corps. » De nombreuses formes de travail corporel et de thérapies de purification peuvent apporter dans ce domaine une aide non négligeable. Commencez par laisser votre corps faire ce qu'il veut. Je sais trembler de peur et me crisper de colère. Ne luttez pas contre les réactions naturelles du corps, mais ne les infligez pas non plus aux autres. La libération de l'énergie bloquée est un processus privé qui n'appartient qu'à vous.

Explorez et découvrez. Mes propos n'impliquent nullement que le cheminement spirituel requiert des efforts laborieux réalisés dans une solitude totale. Bien au contraire. Rien n'est plus fascinant que de découvrir qui vous êtes et ce qui vous anime véritablement. La grande majorité des gens mènent des vies de second ordre. La connaissance qu'ils ont d'eux-mêmes se limite à ce que les autres leur renvoient, les voix dans leur tête viennent du passé, la vision qu'ils ont des possibilités qui s'offrent à eux se borne à ce qu'ils ont appris à l'école, à l'église ou dans la famille. Le passé fabrique de l'énergie non résolue. Le besoin de conformité crée une peur de s'écarter des sentiers battus. Heureusement, plus vous vous libérerez de ces énergies anciennes, plus vous gagnerez en liberté.

Chérissez la liberté plus que tout. J'ai mentionné précédemment que deux impulsions s'exprimaient à l'intérieur de nous. L'une dit :

« C'est ce que je veux faire » ; l'autre : « C'est ce qu'il vaut mieux que je fasse. » La première est la voix de la liberté ; la seconde, celle de la peur. Le plan divin possède une incroyable complexité, mais au niveau de la personne individuelle, il se révèle être d'une simplicité extraordinaire. Vous devenez la personne que vous voulez être ; vous êtes amené à faire ce que vous désirez. Ce qui n'est pas ce que votre ego vous intime d'être ou ce que vos fantasmes vous incitent à faire. La liberté spirituelle vous donne accès à l'Être infini. Alors – et à ce moment-là seulement – vous rencontrerez la personne que vous êtes véritablement. Vous considérez tout ce que vous vouliez être dans le passé comme une impulsion temporaire et toute impulsion à être libre comme un pas dans la bonne direction.

Les énergies bloquées à l'intérieur de vous vous contraignent à être quelqu'un qui n'existe plus : l'enfant en colère privé d'amour, l'enfant effrayé qui ne se sent pas en sécurité. Le passé est un mauvais guide de l'avenir ; pourtant, c'est sur lui que la plupart de nous nous fondons pour conduire nos vies. En vous libérant des énergies bloquées, vous vous libérez de votre passé. En allant assez profondément, il est aussi possible de lâcher prise sur le temps lui-même. C'est dans ce lâcher prise que réside la liberté ultime. Vous devenez dépositaire de toute l'histoire de l'humanité. La vôtre, c'est la rancœur et la peine du monde, sa peur et sa colère. Chez certains, cette vérité peut susciter du désespoir, mais pourquoi ne pas ressentir de la joie ? À penser qu'en vous libérant, vous libérez le monde. Quel enjeu pourrait-il primer sur celui-là ?

J'ai lu un jour que Jésus, Bouddha et tous les saints et les sages n'existaient que pour une seule et unique raison : « faire advenir la réalité sur la Terre ». À ce moment-là, j'ai eu l'image de l'humanité comme d'une pyramide gigantesque, avec chaque individu à sa place unique. Dieu descend sur la Terre comme la pluie fraîche du printemps, et à chaque palier, sa grâce est reçue différemment. Sécurité et chaleur à un niveau, sentiment de se retrouver chez soi à un autre. Je ne suis pas sûr de la place que j'occupe dans cette pyramide, car j'ai choisi d'être un grimpeur. Je me motive pour ne cesser de grimper, encouragé par les lueurs occasionnelles du niveau de conscience que je dois atteindre.

Un jour, j'accéderai au sommet. À cette hauteur, je ne crois pas que je verrai une image de Bouddha, du Christ ou de tout être assez bienheureux pour avoir emprunté ce chemin avant moi. Ils se seront évanouis dans l'éthéré. Au-dessus de moi se trouvera cette immense étendue du Tout, la plénitude bienheureuse et infinie de Dieu. Cependant, je ne chercherai pas à regarder en haut, non par crainte de rencontrer le divin face à face. Je regarderai en bas, parce que je vous verrai venir vers moi, à peine quelques pas plus bas. Nous finirons par nous rejoindre dans la lumière de Dieu, et dans ce moment de reconnaissance, ce que je ne peux que qualifier d'amour se lèvera comme une aube qui jamais ne cessera.

REMERCIEMENTS

J'adresse mes remerciement à mon éditeur, Peter Guzzardi, pour avoir su trier avec talent dans ma verbosité, à Carolyn Rangel et mes collaborateurs du Chopra Centre, dont le dévouement est un exemple pour moi au fil des jours, à ma famille chez moi et ma famille de Harmony Books : merci à vous Shaye, Jenny, Julia, Kira et Tara.

L'AUTEUR

Deepak Chopra est l'auteur de plus de cinquante livres traduits dans plus de trente-cinq langues, dont de nombreux titres figurant parmi le classement des best-sellers du *New York Times* dans les catégories littérature et essais. Son émission Chopra's Wellness Radio est diffusé chaque semaine sur Sirius Satellite Stars, Channel 102, et aborde des thèmes comme la réussite, l'amour, la sexualité, les relations, le bien-être et la spiritualité.

Deepak Chopra est également le fondateur et le président de l'Alliance for a New Humanity. Le magazine *Time* a classé Deepak Chopra parmi les 100 héros et icônes du siècle et l'a surnommé « le poète-prophète de la médecine alternative. »

Retrouvez l'auteur sur DeepakChopra.com

11908

Composition
PCA

*Achevé d'imprimer en Slovaquie
par NOVOPRINT SLK
le 18 septembre 2017*

Dépôt légal octobre 2017
EAN 9782290137758
L21EPEN000309N001

ÉDITIONS J'AI LU
87, quai Panhard-et-Levassor, 75013 Paris

Diffusion France et étranger : Flammarion